LENORMAND Liebesorakel

Iris Treppner

LENORMAND
Liebesorakel

für Singles und Paare

Ansata

FSC
Mix
Produktgruppe aus vorbildlich
bewirtschafteten Wäldern und
anderen kontrollierten Herkünften

Zert.-Nr. SGS-COC-1940
www.fsc.org
© 1996 Forest Stewardship Council

Verlagsgruppe Random House FSC-DEU-0100
Das für dieses Buch verwendete FSC-zertifizierte Papier EOS
liefert Salzer, St. Pölten.

Ansata Verlag
Ansata ist ein Verlag der Verlagsgruppe Random House GmbH

ISBN-10: 3-7787-7313-5
ISBN-13: 978-3-7787-7313-0

1. Auflage 2006

Redaktion: Anja Schmidt
Gestaltung, Satz und Einband: Privatakademie Leonardo, Hamburg
Druck und Bindung: GGP Media GmbH, Pößneck

INHALT

Einleitung

»Wie sieht er aus? Wie alt ist er? Und was ist er ganz allgemein für ein Typ – der Neue?« Mit Fragen dieser Art werde ich in meiner Kartenlegepraxis bombardiert, sobald ich im Kartenbild einen Mann entdecke, der sich in naher Zukunft im Leben der Ratsuchenden zeigen wird. Der häufigste Anlass für Kartenbefragungen ist eindeutig Liebeskummer; entweder, der oder die Ratsuchende befindet sich in einer instabilen Beziehung oder er/sie sucht nach längerem Single-Dasein nach einem neuen Lebenspartner. Da ist natürlich die Neugierde groß, wie es weitergehen wird – und welcher »Prinz« bzw. welche »Traumfrau« da vielleicht schon auf einen wartet.

Leider sind die Lenormand-Wahrsagekarten nicht mit Fotos und Namen versehen, sodass obige Fragen im Regelfall nicht beantwortet werden können. Doch auch Fragen wie »Was geht in ihm vor?« oder »Was ist sie charakterlich für ein Typ?« brennen Ratsuchenden unter den Nägeln. Wer wollte nicht schon vor Weihnachten wissen, was es zur Bescherung gibt? Ungeduld ist nun mal eine menschliche Eigenschaft. Und sie erzeugt eine innere Unruhe, die nach Antworten verlangt.

Das vorliegende Buch macht es möglich, eine Person, die man noch gar nicht kennt, zu beschreiben: Wie sieht sie aus, welchen Beruf hat sie, welche Interessen oder Charaktereigenschaften? Mittels großer Tafel (Seite 186) können sie ganz einfach abgelesen werden – eine immense Hilfe für Singles auf Partnersuche! Romantische Rendezvous, aber auch Dates, die zum Beispiel per Single-Börse via Internet entstanden sind, können vorher schon durchleuchtet werden.

Auch für Paare in Konflikt- oder Krisensituationen hält dieser Ratgeber einiges an Hilfestellungen bereit. Vielleicht haben Sie sich arrangiert, sind aber nicht wirklich glücklich in Ihrer Partnerschaft und brauchen neue Impulse? Sie finden sie in speziellen Ziehungen ab Seite 209. Oder Sie fragen sich immer wieder, was eigentlich in Ihrem Partner tatsächlich vorgeht? Dann dürfen Sie sich auf die speziell hierzu konzipierte kleine Tafel freuen, denn sie gibt Antworten auf Ihre Fragen (Seite 198): Sie offenbart Ihnen, was Ihren Partner bewegt, welche Ziele er verfolgt, wie es mit seinen Gefühlen steht und welche gemeinsamen Pläne er im Blick hat.

Ein großes Plus dieses Buches: Sie können es auch als Lenormand-Einsteiger ohne Mühe nutzen, denn sämtliche Aussagen lassen sich bequem ablesen; es sind keinerlei Vorkenntnisse nötig. Dennoch werden Sie in den folgenden Kapiteln auch als Fortgeschrittener viel Neues und Überraschendes finden.

Die Karten und die Wahrsagerin

Mlle. Lenormand (1768 bis 1843) war schon zu Lebzeiten eine Wahrsagerlegende. Der Ruhm der »Sibylle von Paris« gelangte weit über die Grenzen Frankreichs hinaus – und überdauerte die Zeit, sodass wir bis heute von ihrer Kunst profitieren können.

Mlle. Lenormand war in Paris eine Institution. In ihrem Salon empfing sie einfache Leute ebenso wie die Großen Ihrer Zeit, darunter Mirabeau, Marat, St. Just oder Robespierre. Auch die spätere Gattin Napoleons, Joséphine de Beauharnais, zählte zu ihren Kunden. Sie war es auch, die maßgeblich dafür sorgte, dass die Wahrsagekunst der Lenormand beim Adel hoch im Kurs stand.

Tatsächlich überliefert sind Ihre Methoden leider nicht. Zwar verfasste sie mehrere Bücher, jedoch hatten sie eher ihre allgemeinen Lebensumstände sowie die politischen Geschehnisse ihrer Zeit zum Thema. Man weiß jedoch, dass Marie Anne Adelaide Lenormand mit vielen verschiedenen Kartendecks arbeitete. Woher stammen also die Karten, mit denen wir heute orakeln? Ein findiger Verleger beauftragte Mitte des 19. Jahrhunderts einen Künstler damit, 36 Wahrsagekarten zu entwerfen. Er benannte sie dann ganz einfach nach der berühmten Mlle. Lenormand – und brach alle Auflagenrekorde. Bis heute sind die Lenormand-Wahrsagekarten die beliebtesten und meistbenutzten. Der unbekannte Künstler hat hier offenbar einen Nerv getroffen: die schlichten, aber vielschichtig deutbaren Symboliken lassen sich auf viele Situationen des täglichen Lebens anwenden – nicht zuletzt auf Fragen, die sich um Liebe und Beziehung drehen.

So befragen Sie die Karten

Vielleicht sind Sie schon mit den Lenormand-Karten vertraut, oder Sie bewegen sich noch auf unbekanntem Terrain und fragen sich, ob Sie auch alles richtig machen. Ob Anfänger oder Fortgeschrittener – im Folgenden finden Sie hilfreiche Tipps, worauf Sie beim Kartenlegen und -ziehen achten sollten.

Innere Mitte – ruhiges Umfeld

Nicht immer sind die Umstände optimal, um das Orakel zu befragen, ganz besonders wenn es um Themen wie »Liebe« und »Partnerschaft« geht, die uns meistens sehr am Herzen liegen. Fast immer werden die Karten zurate gezogen, wenn man Liebeskummer hat und in einer Begegnung oder Partnerschaft nicht mehr weiterweiß. Suchen Sie sich dennoch für eine Ziehung oder Legung einen Moment aus, in dem Sie sich möglichst ausgeglichen fühlen. Das mag paradox klingen, doch nur so können Sie darauf vertrauen, ein objektives Ergebnis zu bekommen. Und selbst wenn man sich Sorgen macht oder von Herzschmerz geplagt wird, gibt es immer auch Momente der Gelassenheit und Zuversicht.

Übereilen Sie also die Kartenlegung nicht und gehen Sie weder spontan noch unüberlegt vor. Es wäre schade, wenn Sie eine unglaubhafte Antwort erhielten und so das Vertrauen in die Karten verlieren würden. Wenn Sie schon Liebeskummer haben und das Liebesorakel befragen wollen, so sollten wenigstens die anderen Lebensbereiche wie Job, Familie, Hobby, Freunde usw. einigermaßen im Lot sein.

Wenn Sie das Gefühl haben, zu zerstreut, verwirrt oder unausgeglichen zu sein, versuchen Sie es mit Meditation, Yoga oder einer anderen Methode, die Ihnen hilft, Ihre Mitte wiederzufinden. Und konsultieren Sie erst dann die Lenormand-Karten für eine verlässliche Prognose bzw. Analyse Ihrer Situation.

Karten mischen und ziehen

Jeder Mensch hat beim Kartenmischen ein anderes Tempo oder eine eigene Methode. Es gibt hier kein Richtig oder Falsch. Mischen Sie die Karten so lange, wie Sie wollen. Beenden Sie die Prozedur, wenn Sie ein gutes Gefühl haben, zum Beispiel wenn sich die Karten in Ihrer Hand angenehm flexibel oder warm anfühlen. Liegt Ihnen das Mischen von einer Hand in die andere Hand nicht, so dürfen Sie die Karten auch mit beiden Händen auf dem Tisch durchmengen.

Wenn Sie dann eine bestimmte Methode des Liebesorakels gewählt haben, fächern Sie die Karten nach dem Mischen vor sich auf dem Tisch aus, ziehen Sie die entsprechende Anzahl Karten mit der linken Hand – die Hand, die dem Herzen näher ist – und decken Sie sie erst auf, nachdem Sie alle Karten gezogen haben. Alternativ können Sie jede Karte nach der Ziehung wieder ins Deck zurückstecken. Notieren Sie sich in diesem Fall, welche Karten Sie jeweils gezogen haben.

Vor- und Nachteile beider Vorgehensweisen lassen sich leicht erklären: Entscheiden Sie sich dafür, alle benötigten Karten hintereinander weg zu ziehen und erst dann aufzudecken, verhindern Sie, dass sich das Ergebnis verfälscht. Denn eine bereits gezogene Karte könnte bestimmte Emotionen bei Ihnen auslösen – positive wie negative –, welche eventuell die weitere Ziehung beeinflussen. Der Nachteil besteht darin, dass Sie jede Karte nur einmal ziehen können. Stecken Sie die Karten hingegen nach einer Ziehung zurück, so erhält jede

Karte die Chance, ein weiteres Mal gezogen zu werden, allerdings eben auch die Gefahr der Selbstbeeinflussung.

Es liegt in Ihrem Ermessen, wie Sie vorgehen möchten. Bei der Legung der »großen Tafel« erübrigt sich diese Entscheidung jeoch, da Sie Karte für Karte einzeln dem Stapel entnehmen.

Karten-Kombinationen deuten

Beim »Legesystem aus der Praxis« (Seite 167 ff.) ist es erforderlich, dass Sie die Karten in Kombination deuten können, um eine Gesamtaussage zu erhalten. Hierbei muss man nur logisch vorgehen. Zunächst unterscheidet man positive, negative und Ausnahmekarten:

Positive Karten:

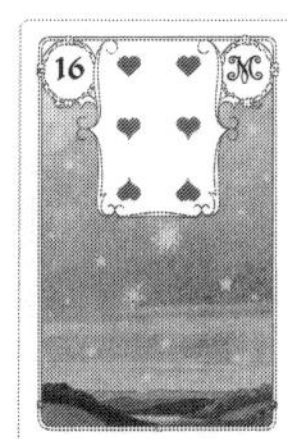

17

18

20

22

24
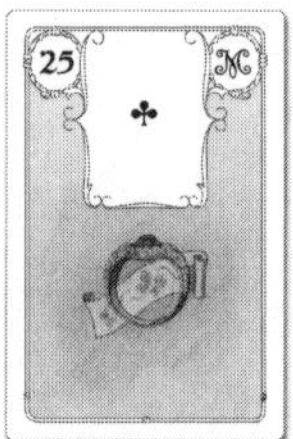
25

26

28

29

30
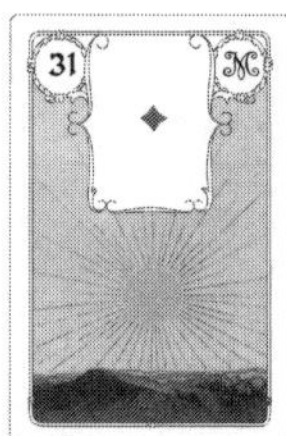
31

32

33

35

Negative Karten:

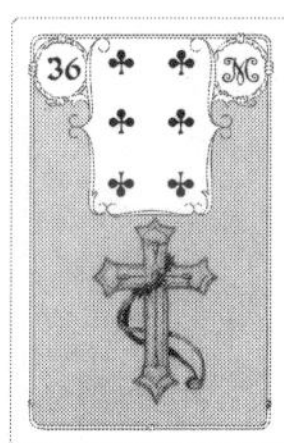

Ausnahmekarten:

- Liegen beispielsweise zwei positive Karten nebeneinander, dann wird die positive Aussage betont.

Beispiel: Liegen Der Reiter (Botschaft und junge Liebe) und Der Mond (starke Gefühle) nebeneinander, sind zwei Aussagen möglich: A) die Rat suchende Person bekommt eine Botschaft, welche die Gefühle betrifft; B) aus einer jungen Liebe (Flirt) entwickelt sich die große Liebe.

- Wenn eine positive neben einer negativen Karte liegt, wird die positive Aussage getrübt. Oder wenn Sie zuerst eine negative Karte und dann eine positive Karte gezogen haben, wird die negative Karte entkräftet, also »verbessert«.

Beispiel: Sie haben zuerst eine positive Karte gezogen und danach eine negative. Die erste Karte ist die Das Schiff (Sehnsucht und Begegnung), die zweite Der Berg (Blockade). In Kombination bedeutet das, dass man der Sehnsucht nicht nachgibt oder ein Treffen nicht zustande kommt.

Im umgekehrten Fall, wenn Sie zuerst die Karte Der Berg und dann Das Schiff gezogen hätten, so würde zu Beginn die Blockade stehen, die aber aus Sehnsucht überwunden wird.

- Liegen zwei negative Karten nebeneinander, dann wird die erste negative bestätigt.

Beispiel: Links liegt Der Bär (Eifersucht und Besitzanspruch), rechts Die Rute (heftiger Streit), dann kann man davon ausgehen, dass eifersüchtige Gefühle einen heftigen Streit entfachen.

- Die Ausnahmekarten werden gesondert behandelt. Bei Die Wolken und Die Sense variiert die Aussage je nach Position. Beide Karten haben eine positive und eine negative Seite. Auf der Karte Die Wolken (Unklarheiten) ist eine Wetterwolke zu sehen, die links deutlich heller ist: Hier klärt sich etwas auf. Rechts ist sie dunkler: Etwas wird getrübt.

Bei der Sense (Gefahr), verhält es sich ähnlich. Da die Spitze der abgebildeten Sense nach rechts weist, wird links eine Gefahr abgewandt; rechts droht eine Gefahr.

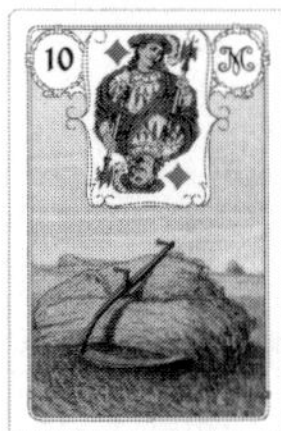

Die Mäuse stellen generell einen Verlust dar, unabhängig von ihrer Lage.

Beispiele: Links liegen Die Wolken (Unklarheiten), rechts Der Hund (Freundschaft). Das bedeutet, dass sich in Sachen Gefühle etwas aufklärt, in diesem Fall etwa, wenn man unsicher war, wie eine bestimmte Person zu einem steht und ob sie lediglich freundschaftliche Gefühle hegt.

Umgekehrt ergäbe die Kombination Der Hund – Die Wolken die Aussage, dass in Bezug auf eine Begegnung nicht einmal eine Freundschaft möglich ist.

Die Kombination Die Sense – Der Hund zeigt an, dass eine Freundschaft in Gefahr ist.

Wenn dagegen Der Hund links und Die Sense rechts liegt, wird die Gefahr, die eine Freundschaft bedroht, abgewendet.

Wie bereits erwähnt vernichten Die Mäuse alles. Dies kann sich positiv wie negativ auswirken. Ziehen wir zum Beispiel zuerst Das Herz (Liebe) und dann Die Mäuse, so bedeutet dies auf jeden Fall einen Verlust in der Liebe, zumindest aber heftigen Liebeskummer.

Bei einer negativen Karte haben Die Mäuse einen positiven Effekt. Der Berg, also eine Blockade oder ein Hindernis, wird beispielsweise von den Mäusen aufgelöst.

Das Liebesorakel lässt sich nicht testen!

Viele Menschen, denen eine Orakelantwort nicht gefällt, befragen die Karten flugs noch einmal, um die erste Aussage zu überprüfen. Von dieser Praxis möchte ich Ihnen dringend abraten. Denn Sie wird Ihnen kaum etwas nützen – im Gegenteil. Denn das Orakel wird Sie eher an der Nase herumführen, als Ihnen eine Antwort zu bestätigen. In Wahrheit ist es ja so, dass die Antworten der Karten in Ihnen selbst liegen, in Ihrem Unbewussten. Instinktiv ziehen Sie die aktuell passende, für Sie richtige Karte. Zweifeln Sie diesen Vorgang an, so bringen Sie einfach nur Verwirrung ins Spiel.

Kartenlegen ist eine seelische Angelegenheit und keine Verstandesfrage. Vertrauen Sie darauf, dann wird Ihnen das Orakel auch »ehrlich« antworten bzw. Ihre im Unbewussten verborgene Weisheit eins zu eins widerspiegeln.

Liebesorakel hin – Realität her

Es ist ganz wichtig, dass Sie trotz Zukunftsprognosen via Lenormand-Orakel genauso weiterleben, wie Sie es bisher auch getan haben. Versuchen Sie nicht, Situationen künstlich herbeizuführen – oder zu vermeiden –, denn das kann zur Folge haben, dass sich alles ins Gegenteil verkehrt oder eine Prognose auf sich warten lässt.

Haben Ihnen die Karten beispielsweise verraten, dass Sie einem Mann aus einer gänzlich anderen Gesellschaftsschicht begegnen werden, so müssen Sie nicht plötzlich Ihr Outfit verändern oder das Stammlokal wechseln. Dann könnte es nämlich sein, dass Sie Ihrem Zukünftigen regelrecht davonlaufen, weil er nämlich in Jeans und T-Shirt schnell mal eine Currywurst bei Ihnen um die Ecke einnimmt.

Die Deutungsmethoden

Verschiedene Situationen in der Partnerschaft wie im Leben erfordern auch unterschiedliche Ansätze in der Befragung des Orakels der Lenormand. So habe ich die folgenden Legungen und Ziehungen für Sie zusammengestellt, die Ihnen in Liebes- und Beziehungsfragen wichtige Hinweise und Impulse geben können.

Legesystem aus der Praxis

Dieses Legesystem benutze ich in meiner täglichen Praxis. Das Interessante an dieser Methode sind die vielen Kombinationsmöglichkeiten, so wie Sie es vielleicht schon vom großen Kartenbild kennen, das ich in meinem Buch *Die Sibylle der Salons* vorstelle.

Dieses System ist ein guter Einstieg, um schnell eine relativ umfangreiche Analyse der Beziehung vorzunehmen. Hierzu dienen neun Karten zu fünf verschiedenen Themenbereichen, wobei die Karten einzeln, aber auch in Kombination gedeutet werden. Die Themenbereiche, zu denen jeweils eine Karte für den Partner und für den Ratsuchenden gezogen werden, sind: der Ist-Zustand der Beziehung, die gegenseitigen Gefühle, die Gedanken beider Partner und die Zukunft der Beziehung. Zum Schluss können Sie zusätzlich den Rat des Orakels einholen, um gegebenenfalls weitere Schritte für sich allein oder in der Partnerschaft einzuleiten.

Für Singles

Ab jetzt stehen Sie nicht mehr im Dunkeln, wenn es darum geht herauszufinden, welcher Mann oder welche Frau demnächst in Ihr Leben treten wird. Via große Tafel können Sie beispielsweise alles Wissenswerte über diese Person ermitteln.

Zwei Ziehungen verraten Ihnen weitere ausgewählte Details über Ihren Zukünftigen oder Ihre Zukünftige.

Die große Tafel

Diese Legung ist speziell für Singles konzipiert, doch natürlich können Sie sie ebenfalls durchführen, wenn Sie liiert sind, sich aber nach einer neuen Partnerschaft sehnen und schon mal vorfühlen wollen, wer denn da auf Sie zukommen könnte. Die große Tafel ist ein erster Check-up für den zukünftigen Partner. Als Single ist man naturgemäß neugierig, um was für einen Menschen es sich denn handeln wird, mit dem man eine Beziehung oder Liaison eingehen wird.

36 Lenormand-Wahrsagekarten gibt es, und so gibt es bei dieser Legung auch 36 Themen, die sich ausschließlich um den Zukünftigen oder die Zukünftige drehen. Bei der großen Tafel werden alle Lenormand-Karten in vier Reihen ausgelegt. Die Reihen stehen für bestimmte Lebensbereiche: Körper, Geist, Seele und Schicksal. So wird es möglich, jedes Detail über den Zukünftigen oder die Zukünftige in Erfahrung zu bringen. Durch einfaches Nachschlagen im Anhang erfahren Sie, wie alt der zukünftige Partner ist, welche Kleidung er bevorzugt, welche Lieblingsspeisen er hat, welchen Aktivitäten er nachgeht und was für einen Beruf er ausübt; die Karten offenbaren außerdem etwas über seinen Charakter und sein soziales Umfeld.

Die Aussagen beziehen sich auf den nächsten Mann oder die nächste Frau, die in Ihrem Leben interessant wird. Das kann durchaus auch mal nur eine flüchtige Bekanntschaft sein, die aber für Ihre Weiterentwicklung wichtig ist. Die Etappen, die letztlich zum Ziel führen, müssen nun einmal beschritten werden!

Eine genaue Anleitung dieser Legung finden Sie ab Seite 186.

Direktziehung »persönliche Merkmale«

Ist Ihnen die große Tafel zu aufwändig, weil Sie so viele Attribute und Eigenschaften gar nicht interessieren, so können Sie mit der Direktziehung ausschließlich die für Sie interessanten Bereiche ermitteln. Es muss schließlich nicht immer das ganze Programm sein. Vielleicht reicht es Ihnen beispielsweise zu erfahren, in welchem beruflichen Umfeld sich der zukünftige Partner befindet. Legen Sie die Themen einfach nach Belieben fest.

Die Karten werden dazu in fünf Themengebiete unterteilt:

- Aussehen: Größe, Statur etc.
- Charaktereigenschaften (positive wie negative)
- Vorlieben und Gewohnheiten
- Alter
- Beruf

Die genaue Vorgehensweise zu dieser Ziehung erfahren Sie ab Seite 192.

Ziehung für das erste Date

Fast immer ist man vor dem ersten Date sehr aufgeregt – egal ob man die Person schon kennt oder ob man einen gänzlich Unbekannten trifft. Um schon im Vorfeld das Stimmungsbarometer für das erste Rendezvous abzulesen, werden bei dieser Methode drei Karten gezogen. Sie zeigen die Wirkung, welche Sie selbst auf Ihr Gegenüber haben werden und umgekehrt; Sie erfahren etwas über den Verlauf des Treffens und die Stimmung, die dabei vorherrschen wird, und können überdies zukünftige Tendenzen eines etwaigen gemeinsamen Weges ermitteln.

Die Kartenaussagen entnehmen Sie bei dieser Ziehung den Einzelaussagen und Deutungen der Lenormand-Karten auf den Seiten 38 bis 165. Eine genaue Beschreibung der Methode finden Sie ab Seite 195.

Für Paare

Schwierige Situationen in der Partnerschaft bedürfen manchmal frischer Impulse oder klärender Worte von außen. Das Lenormand-Liebesorakel bietet genau das. Manchmal gibt es ganz einfache Ratschläge bei scheinbar aussichtslosem Beziehungsstress, manchmal schlicht Bestätigung – oder auch mal eine gehörige Kopfwäsche, um Veränderungen anzuregen, welche die Partnerschaft oder auch »nur« Ihren persönlichen Gefühlshaushalt wieder ins Lot bringen.

Kleine Tafel für den Partner in einer bestehenden Partnerschaft

Nicht immer werden wir schlau aus unserem Partner, der uns schon längere oder kürzere Zeit in einer Beziehung begleitet. Was geht in ihm vor, welche Sorgen hat er, welche Pläne verfolgt er? Gibt es gemeinsame Ziele? Wenn nicht, woran scheitert es?

Die kleine Tafel hilft, den Partner zu verstehen, und kann dazu beitragen, sich besser auf ihn einzustellen bzw. mögliche Konsequenzen zu ziehen. Anders als bei der Single-Analyse werden die Themen nun durch eine »Platzierungskarte« vorgegeben.

Die Lenormand-Karten sind bekanntlich von 1 bis 36 durchnummeriert und stellen Motive von Nr. 1 DER REITER bis Nr. 36 DAS KREUZ dar. Den einzelnen Motiven ist im vorliegenden Buch jeweils ein Schlagwort zugeordnet, das natürlich mit den üblichen Interpretationen korrespondiert, die Sie aus meinen Büchern *Die Sibylle der Salons* und *Lenormand Schicksals-Timer* kennen. Während es dort mehrere Oberbegriffe je Karte gibt, wurde hier jedoch ein Schlagwort ausgewählt, um eindeutige Aussagen zu erhalten. Nehmen wir zum Beispiel die Karte DER REITER: Er steht hier für Reisen und Unternehmungen (und nicht zusätzlich noch für Kommunikation, Sport, Transportmittel und das Pferd). Die Karte, die Sie nun für Position 1 der kleinen Tafel ziehen, sagt also etwas darüber aus, wie es bei Ihrem Partner in puncto Reisen und Unternehmungen aussieht. Was genau, können Sie ganz einfach im Anhang nachschlagen.

Die detaillierte Beschreibung der kleinen Tafel finden Sie ab Seite 198.

Ziehung Partnerschaftsvergleich

Bei dieser Methode ziehen Sie drei Karten, die Ihnen mehr über Gemeinsamkeiten und Gegensätze in Ihrer aktuellen Beziehung verraten. Der Ist-Zustand wird beschrieben, die gegenseitigen Gefühle werden enthüllt, gemeinsame Projekte angedeutet, außerdem eine Zukunftstendenz: Wohin entwickelt sich die Partnerschaft? Die Antworten können Sie einfach aus den Einzelaussagen der 36 Karten (Seiten 38 bis 165) ablesen.

Wie genau der Partnerschaftsvergleich funktioniert, erfahren Sie ab Seite 205.

Ziehung Ratschlag

Wenn Probleme in der Beziehung auftauchen und Sie ratlos im Umgang mit Ihrem oder Ihrer Geliebten sind, dann befragen Sie einfach das Orakel der Mlle. Lenormand! Beim »Ratschlag« ziehen Sie nur eine einzige Karte aus dem Kartendeck, um eine Antwort auf das quälende »Welche Möglichkeiten bleiben mir?« zu erhalten.

Als Antwort erhalten Sie Lösungsvorschläge und Handlungsmöglichkeiten, wie Sie an sich, Ihrem Partner oder der Beziehung arbeiten können, um Harmonie sowie gegenseitiges Verstehen und Vertrauen zu fördern bzw. zurückzugewinnen. Nicht jede scheinbar aussichtslose Situation ist es auch.

Ausführliche Hinweise und Tipps zu dieser Ziehung finden Sie auf Seite 207.

Specials

Zwei besondere Ziehungen hält das letzte Kapitel dieses Buches für Sie bereit: Für die Ungeduldigen unter Ihnen, die nur mal schnell einen Blick in die Zukunft werfen wollen, um herauszufinden, wie beispielsweise ein Treffen verlaufen wird, habe ich eine Ziehung entwickelt, für die Sie lediglich zwei Karten benötigen. Die Befragung ist also im Handumdrehen geschehen. Trotzdem erhalten Sie eine befriedigende Antwort und können sich auf das Kommende einstimmen.

Ein völlig neuartiges Highlight bildet die Ziehung »Was ziehe ich an?« Es handelt sich hierbei um einen Ratgeber für unsichere Zeitgenossen, die gern mal eine Stunde ratlos vor dem Kleiderschrank verbringen. Das wird Ihnen in Zukunft nicht mehr passieren!

Die schnelle Ziehung für Partnerschaft und Rendezvous

Eine erste schnelle Analyse des Ist-Zustandes einer Partnerschaft oder eine Vorhersage für den Ausgang eines Rendezvous können Sie über die Methode des Schnellvergleichs ermitteln. Dazu werden zwei Karten gezogen – eine für den Ratsuchenden bzw. die Ratsuchende, also für Sie, und eine Karte für Ihren (Date-)Partner. Hierbei können Sie die entsprechenden Aussagen ganz einfach unter den acht Themengebieten der Einzelaussagen und Deutungen der Lenormand-Karten ablesen (Seite 38 bis 165). Die Antwort wird vermutlich nicht erschöpfend sein, jedoch einen Trend erkennen lassen. Geht es um Fragen wie »Wird etwas aus der neuen Bekanntschaft?« oder »Will mein Partner sich von mir trennen?«, so können Sie auf diese Weise schnell und einfach erste Hinweise bekommen.

Eine ausführliche Beschreibung dieser Methode finden Sie auf Seite 211.

Was ziehe ich an?

Eine kleine Spielerei, aber sicherlich wertvoll, wenn Sie sich unsicher sind, was Sie heute anziehen sollen. (Das kommt ja speziell beim weiblichen Geschlecht durchaus mal vor.) Soll es Kostüm oder Jeans, formell oder sportlich sein? Diese Ziehung liefert die Antwort, sodass Sie stets sicher den Catwalk betreten können. Weitere Hinweise zu dieser Ziehung finden Sie auf Seite 212.

Lenormand-Ziehung in Tarot-Manier

Ein Hinweis sei am Schluss noch gegeben: Natürlich können Sie die Lenormand-Wahrsagekarten generell auch wie Tarot-Karten verwenden, indem Sie einfach eine Karte für sich selbst oder/und eine andere Person ziehen, wann immer Ihnen eine konkrete Frage unter den Nägeln brennt. Es gibt hierbei keinerlei Verbote. Ganz im Gegenteil: Experimentieren Sie nach Herzenslust, und finden Sie Ihre persönliche Methode, den Karten ihre Aussagen zu entlocken. Viel Spaß dabei!

Einzelaussagen und Deutungen der Lenormand-Karten

Das folgende Kapitel bildet die Grundlage dieses Buches. Hier werden die 36 Lenormand-Karten ausführlich gedeutet, und zwar ausschließlich in ihrer Aussage in Bezug auf Liebe und Partnerschaft.

Wenn Sie schon mit den Bedeutungen der Lenormand-Wahrsagekarten vertraut sind, beachten Sie bitte Folgendes:

- Nicht bei jeder Deutung finden Sie die Ihnen bekannten Schlagworte; oft werden sie sinngemäß – dem Thema diese Buches entsprechend – umgewandelt und angepasst.

- Wenn Sie alle Deutungsmöglichkeiten, also alle acht Themengebiete einer bestimmten Karte durchlesen, wird Ihnen auffallen, dass sich die Aussagen manchmal scheinbar widersprechen bzw. unterschiedliche Trends anzeigen. Das liegt daran, dass ein Symbol grundsätzlich die zwei Seiten der Medaille in sich trägt. Es kann also immer negativ oder positiv gedeutet werden. Lassen Sie sich davon nicht irritieren, sondern lassen Sie sich einfach auf die Aussage ein, die in der entsprechenden Ziehung eine Rolle spielt – oder die Sie vorher Ihrer Fragestellung entsprechend ausgewählt haben.

Die acht Themengebiete

Acht Themengebiete werden bei den Einzeldeutungen der 36 Lenormand-Karten behandelt. So steht Ihnen eine Vielzahl an Interpretationsmöglichkeiten zur Verfügung, die Ihnen Ihre Fragen zu Liebe und Partnerschaft beantworten können.

Schlagwort

Hier werden ein bis zwei Schlagworte genannt, die sich an die klassischen Deutungen anlehnen, wie Sie sie in meinem Buch *Die Sibylle der Salons* nachlesen können. Hier beziehen sie sich jedoch direkt auf das Thema »Liebe und Partnerschaft«. Die Schlagworte brauchen Sie nur für das »Legesystem aus der Praxis« (siehe Seite 167 ff.), wobei die Karten einzeln, aber auch in Kombination gedeutet werden können.

Persönliches Merkmal

Unter dieser Überschrift finden Sie auf jeder Karte Angaben zu einem der folgenden persönlichen Merkmale:

- Aussehen (Attribute wie Haarfarbe/-länge, Größe, Brillenträger etc.)
- Charaktereigenschaften
- Vorlieben
- Alter oder
- Beruf

Auf Grundlage der Schlagworte können Sie eine unkomplizierte Ziehung vornehmen, um die wichtigsten Merkmale einer noch unbekannten Person zu ermitteln.

Partner-Schnell-Vergleich

Die Aussage, die Sie unter dieser Überschrift finden, dient dem Vergleich zweier Personen. Unter »Ich« finden Sie eine Aussage, die Sie selbst bzw., wenn Sie für jemand anderen die Karten legen, die Rat suchende Person betrifft. Hier können Sie auf die Schnelle Unterschiede und Gemeinsamkeiten ermitteln – sei es, um die aktuelle Stimmung zwischen Ihnen und Ihrem Partner abzuklopfen oder um etwa vor einem Blind Date Hinweise zu erhalten, wie die Chancen auf gemeinsame Interessen stehen.

Wenn Sie mit dem Schnell-Vergleich arbeiten möchten, sollten Sie grundsätzlich zwei Karten ziehen: eine für sich selbst und eine für den (Date-)Partner. Die Aussagen sind kurz und prägnant gehalten und sollen Ihnen einen ersten Eindruck vermitteln.

Wie wird das Treffen?

Sie finden dazu auf jeder Karte auch zwei verschiedene Aussagen zu dieser Überschrift – eine für Sie oder die Rat suchende Person (»Ich«), eine für den Menschen, den Sie bzw. ein Ratsuchender bei diesem Rendezvous treffen werden (»Er/sie«).

Treffen mit Flirt-Charakter haben immer etwas Besonderes, denn im Normalfall ist man vorher ziemlich aufgeregt. Diese Spannung kann man ein wenig im Zaum halten, wenn vorher schon klar ist, dass man möglicherweise einen Korb erhält oder vom anderen gar nicht so begeistert sein wird. Diese umfangreichere Einzelaussage, die schon mehr ins Detail geht, verrät Ihnen nämlich, wie das erste Rendezvous verlaufen wird. Fühlen Sie sich wohl, oder erwartet Sie (auch) Unangenehmes, etwa weil widrige Umstände dieses Treffen begleiten werden? Welchen Eindruck hinterlassen Sie bei Ihrem Gegenüber? Kommen Sie gut an? Und wie wirkt der/die andere auf Sie?

Auch hier ist es sinnvoll, zwei Karten zu ziehen – eine für sich selbst, eine für Ihr Gegenüber. Sie finden dazu auf jeder Karte auch zwei verschiedene Aussagen zu dieser Überschrift. Die entsprechende Ziehung, für die drei Karten benötigt werden, wird auf Seite 195 erläutert.

Ist-Zustand der Partnerschaft

Wenn Sie mit dieser Rubrik arbeiten möchten, erfordert dies wieder eine Ziehung für Sie selbst bzw. die Rat suchende Person (die Antwort finden Sie unter »Ich«) und eine für den Partner.

Diese Analyse bezieht sich auf bestehende Partnerschaften. Hier wird ermittelt, wie zurzeit die Stimmung ist, wie es um die Gefühle beider Partner bestellt ist und was aktuell in der Beziehung ansteht. Welchen Wunsch in Bezug auf die Partnerschaft hegt der oder die Andere, welche Ziele verfolge ich? Unter dieser Rubrik finden Sie auch die Interessen, die Sie selbst oder Ihr Partner verfolgen.

Was hier zu lesen steht, mag nicht immer angenehm sein, doch oft erhält man die Antwort, die man schon längst in sich getragen hat.

Wenn Sie mit dieser Rubrik arbeiten möchten, erfordert dies wieder eine Ziehung für Sie selbst und eine für Ihren Partner. Eine ausführliche Methode, für die drei Karten benötigt werden, finden Sie auf Seite 195.

Was bringt die Zukunft?

Was bringt die Zukunft in Bezug auf Flirt oder Partnerschaft? Gefühle können in einer Begegnung durchaus stimmig sein, trotzdem muss dies nicht immer zu einem Happy End führen. Und natürlich ist es ein Glücksfall, wenn die Anziehungskraft auf beiden Seiten gleich groß ist. Unter dieser Überschrift können Sie nachlesen, ob es vorwärts geht in Sachen Zweisamkeit oder ob Sie vielleicht aneinander vorbei leben (oder -reden). Entwickelt sich mehr – oder trennen sich Ihre Wege wieder?

Diese Rubrik wird bei den Ziehungen für Rendezvous und Partnerschaftsvergleich zurate gezogen (Seiten 195 und 205). Dabei unterscheiden sich die Aussagen für Singles und für Paare – und bilden jeweils eine Art Quintessenz der Ziehung.

Ratschlag

Meist bringt eine Partnerschaft auch Probleme mit sich. Zu individuell ist jeder Einzelne von uns. Unter dieser Überschrift erfahren Sie, wie Sie vorgehen können, wenn es gerade hakt mit Ihrem Liebsten oder Ihrer Angebeteten und Sie nicht wissen, wie Sie sich verhalten sollen. Es werden konstruktive Lösungsansätze vorgestellt, aber auch Tipps, die Sie aufwecken können, wenn Sie ratlos sind oder einfach ein wenig Pfiff in die Beziehung bringen wollen.

Modeguide

Ein Date steht bevor und Sie stehen hilflos vor Ihrem Kleiderschrank, weil Sie nicht wissen, was Sie anziehen sollen?

Diese Rubrik bewahrt Sie vor peinlichen Auftritten, indem sie Ihnen hilft, sich dem Anlass und Ihrer Begleitung gemäß zu kleiden und sich dabei wohl zu fühlen. Ziehen Sie einfach eine Karte – und Ihr Modeguide steht Ihnen zur Verfügung.

Der Reiter

Schlagwort: Botschaft oder junge Liebe

Persönliches Merkmal: sieht jünger aus/jugendlicher Typ

Partner-Schnell-Vergleich

Ich: Ein Flirt oder eine neue Liebe scheint kurzfristig in Aussicht.

Er/sie: Sie bekommen von dieser Frau oder diesem Mann eine persönliche Liebes- bzw. eine herzliche Nachricht.

Wie wird das Treffen?

Ich: Die Stimmung bei einem Tête-à-Tête ist ausgelassen, fröhlich und alles andere als verkrampft. Gemeinsame Themen dürften schnell gefunden werden, man hilft sich gegenseitig ins Gespräch. Ein Lokalwechsel wäre möglich – man versteht sich so gut und will noch etwas miteinander erleben.

Sie sind in dieser Begegnung die treibende Kraft und übernehmen den aktiveren Part.

Er/sie: Der Andere ist von Ihnen begeistert. Ihr Aussehen entspricht seinen Vorstellungen, die Kleidung seinem Geschmack. Auch Mimik und Gestik kommen bei Ihrem Gegenüber sehr gut an. Sie brauchen sich also nicht zu verstellen.

Ist-Zustand der Partnerschaft

Ich: Langeweile ist für Sie in dieser Beziehung ein Fremdwort. Dass Sie sehr vielen individuellen Aktivitäten nachgehen, stört aber möglicherweise die Zweisamkeit. Überdenken Sie, ob Sie nicht ein wenig mehr gemeinsam mit Ihrem Partner unternehmen wollen, wenn Sie Probleme schon im Keim ersticken wollen. Aber allgemein kann man sagen, dass diese Bindung unter einem glücklichen Stern steht.

Partner: Ihr Partner verliebt sich immer wieder aufs Neue in Sie, die Routine gewinnt selten die Oberhand. Ihr Partner ist fasziniert von Ihnen, sodass sein Feuer der Liebe kaum erstickt werden kann. Diese Person braucht Kontakte zu vielen verschiedenen Menschen sowie sportliche Aktivitäten – das ist ihr Lebenselixier. Nebeneinander auf dem Sofa vor dem Fernseher zu sitzen, ist weniger ihr Ding. Viel eher tummeln sich hier viele Freunde im Wohnzimmer.

Was bringt die Zukunft?

Singles: Ein Flirt ist in Sicht; Sie spüren erste Anzeichen von Schmetterlingen im Bauch. Es ist möglich, dass die Gefühle auf Gegenseitigkeit beruhen und auch von beiden bekundet werden. Der Abschiedskuss am Ende Ihrer nächsten Begegnung könnte deutlich länger als vorgesehen ausfallen – und ein Wiedersehen arrangiert werden.

Paare: Wahrscheinlich haben Sie sich schon beim Fitnesstraining kennen gelernt – der Basis für Ihre Beziehung. Unternehmungen stehen ganz oben auf dem Programm. Dabei geht es weniger um den Erwerb eines Hauses oder um die Familienplanung – zunächst jedenfalls. Das Leben will erlebt werden und braucht viel Bewegung und Anregung von außen: Kino, Ausstellungen, Messen, Sportveranstaltungen, Treffen mit Freunden am Abend etc. Bleiben Sie beide so beweglich wie in der Anfangszeit und gönnen Sie sich weiterhin viel Abwechslung, dann könnte diese Beziehung viele Jahre halten.

Ratschlag

Bringen Sie frischen Wind in die Beziehung, brechen Sie aus dem Alltagstrott aus! Animieren Sie Ihren Partner zu einem Kinobesuch, begleiten Sie ihn zu einem Fußballspiel oder buchen Sie einen Kurzurlaub. Zeigen Sie Ihrem Partner, dass Sie Interesse an ihm haben, auch wenn das heißen sollte, dass Sie sich plötzlich beim Eishockeyspiel wiederfinden oder beim Shopping die vielen Einkaufstüten der Geliebten tragen.

Modeguide

Salopp, aber schick – das klassische Mittelmaß ist hier gefragt. Für den Herrn bieten sich Jeans, Sakko, Hemd und schwarze Schuhe an, für die Dame Jeans, Top, Blazer und Stiefel mit Absatz.

Der Klee

Schlagwort: berechtigte Hoffnung, Glück

Persönliches Merkmal: humorvoll, fröhlich

Partner-Schnell-Vergleich

Ich: Sie haben kurzfristig Glück bei einem Flirt.

Er/sie: Sie oder er wird Ihnen offen entgegentreten.

Wie wird das Treffen?

Ich: Sie treffen hier jemanden, mit dem Sie ausgelassen und fröhlich, wenn nicht gar albern sein können. Lachkrämpfe schütteln Sie, wenn Sie mit Händen und Füßen über lustige Missgeschicke berichten oder andere Geschichten auf humorvolle Weise erzählen. Kurz: Sie finden einen guten leichten Draht zu Ihrem Gegenüber.

Er/sie: Sie werden gemocht, und bei Ihrer Begleitung könnten sich schnell Schmetterlinge im Bauch bemerkbar machen. Vielleicht wirkt Ihr Gegenüber ein wenig schüchtern und zurückhaltend, aber der Glanz in seinen/ihren Augen verrät, dass aus dem Funken ein Feuer werden könnte.

Ist-Zustand der Partnerschaft

Ich: Locker gehen Sie durchs Leben. Sie genießen gesellschaftliche Ereignisse und meistern die Beziehung im Alltag mit viel Leichtigkeit. Gegrübelt wird bei Ihnen wenig; Blockaden scheint es keine zu geben.

Partner: DER KLEE symbolisiert immer einen humorvollen Menschen. Dabei kann es sich um eine naive Frohnatur handeln, in der Regel aber um eine fröhliche, aufgeschlossene und optimistische Person, die ihre positiven Energien direkt auf Sie überträgt, sodass Sie beide in der Beziehung glücklich sein können.

Was bringt die Zukunft?

Singles: Aus dieser Geschichte kann mehr werden, wenn einer von Ihnen ein wenig Dampf macht und klare Vorstellungen bekundet; denn einer sollte hier die Führung übernehmen und das Leben aus einer erwachsenen Perspektive betrachten. Sehr wahrscheinlich sind Sie es, der das Zepter in die Hand nimmt.

Paare: Kurzweil ist angesagt; man plant spontan Kurzreisen oder abendliche Events. Man will flexibel bleiben. Langfristige Projekte wie eine gemeinsame Wohnung, Hausbau, Heirat oder Nachwuchs sind zurzeit kein Thema.

Ratschlag

Passen Sie auf, dass Ihnen Ihre Partnerschaft nicht entgleitet. Solange Sie sich nicht mit Problemen auseinander setzen, berühren Sie sich nur an der Oberfläche. Hier und da sollten Sie auf Ihren Partner intensiver eingehen und ihm das Gefühl geben, dass Sie sich wirklich für ihn interessieren. Sonst kann es passieren, dass der oder die Geliebte langsam, aber sicher von Ihnen weg entwickelt.

Modeguide

Heute passend: Jeans für den Herren, Jeans oder Jeansrock für die Dame, kombiniert mit T-Shirt und leichten Schuhen. Haben Sie diese Karte in der kälteren Jahreszeit gezogen, so tauschen Sie das T-Shirt mit einem warmen Pulli, passender sportlicher Jacke und bequemen Stiefeln.

Das Schiff

Schlagwort: Sehnsucht oder Begegnung

Persönliches Merkmal: Toleranz

Partner-Schnell-Vergleich

Ich: Es winkt die Liebe auf den ersten Blick. Man sieht sich, und man weiß einfach, dass der oder die Richtige vor einem steht. Ein klarer Fall von Seelenverwandtschaft!

Er/sie: Sie oder er wird mit Siebenmeilenstiefeln auf Sie zukommen.

Wie wird das Treffen?

Ich: Das sieht gleich am Anfang nach mehr aus. Kaum hat man sich kennen gelernt, schon stellt sich ein Gefühl der Vertrautheit ein. Ihr Gegenüber macht es Ihnen leicht, sodass die erste Scheu schnell überwunden werden kann. Sie haben das Gefühl, dass man sich auf gleicher Wellenlänge und im gleichen Lebensrhythmus bewegt.

Er/sie: Ihr Gegenüber hat das Gefühl, in Ihnen einen Seelenverwandten gefunden zu haben, und fühlt sich sehr zu Ihnen hingezogen. Er verhält sich offen und freundlich, ja nimmt Sie geradezu liebevoll »in die Arme« – auch ohne Körperkontakt.

Ist-Zustand der Partnerschaft

Ich: Ist Ihr Partner verreist oder aus anderen Gründen nicht anwesend, dann vermissen Sie ihn – ohne ihn fühlen Sie sich nicht vollständig. Sie sind kaum jemals genervt von Ihrem/Ihrer Liebsten, selbst wenn Sie viel Zeit miteinander verbringen. Ein Idealzustand!

Partner: Ihr Schatz ist ein rastloser und unruhiger Typ. Er ist sicherlich kein Stubenhocker, denn er hat einen starken Bewegungsdrang. Er fährt gern Auto oder Motorrad und unternimmt häufig Wochenend-Trips mit Bus, Bahn oder Flugzeug. Ist keine größere Tour geplant, geht's abends ins Kino oder am Wochenende auf Märkte oder irgendwohin, wo was los ist. Und am liebsten macht Ihr Partner all das, wenn Sie an seiner Seite sind.

Was bringt die Zukunft?

Singles: Ähnliche Gedanken und Lebensvorstellungen führen Sie direkt in eine feste Partnerschaft. Wenn Sie dann schon eine Weile mit Ihrem Herzenspartner zusammen sind, kann man davon ausgehen, dass eine Verlobung oder gar Hochzeit bevorsteht.

Paare: Neugierde sowie die Lust auf Fernreisen und fremde Kulturen prägen diese Partnerschaft. Das muss aber nicht heißen, dass Sie ständig auf Achse sind. Ein gutes Buch, im Bett oder auf dem Sofa genossen, gehört ebenso zur Lebensart. Sie beide sind wirklich ein Herz und eine Seele.

Ratschlag

Was will man mehr, wenn doch die Basis besser nicht sein könnte? Damit es auch so bleibt, unternehmen Sie zur gemeinsamen Erbauung ausgedehnte Reisen, die nicht nur Relaxen am Strand, sondern vor allem das Erkunden von Kunst und Kultur zum Ziel haben. So wird Ihnen der Gesprächsstoff niemals ausgehen, und das Leben – und Ihre Partnerschaft – bleibt interessant.

Modeguide

Für den Herrn empfiehlt sich ein Anzug, der je nach Jahreszeit in leichtem oder schwerem Stoff gehalten ist, und nicht zu streng kombiniert werden sollte – eher mit einem T-Shirt oder mit Hemd ohne Krawatte. Der Dame ist ein wadenlanger Rock mit T-Shirt oder Bluse und Schuhen bzw. Stiefeln mit Absatz zu empfehlen. Pastellfarben bilden hier das i-Tüpfelchen.

Das Haus

Schlagwort: Stabilität oder Häuslichkeit

Persönliches Merkmal: Antialkoholiker oder Gelegenheitstrinker und Nicht- bzw. Gelegenheitsraucher

Partner-Schnell-Vergleich

Ich: Sie sind eine heimatverbundene und häusliche Person.

Er/sie: Dieser Mensch ist solide und heimatverbunden. Er garantiert eine bodenständige Stabilität in der Liebe.

Wie wird das Treffen?

Ich: Sie erleben den anderen als (potenziellen) guten Freund; Vertrautheit stellt sich ein, man findet leicht gemeinsame Gesprächsthemen. Die Stimmung ist entspannt und freundlich, aber harmlos.

Er/sie: Es herrschen ein wenig Distanz und Unsicherheit, wodurch Sie eher gehemmt auf Ihre Begleitung wirken, die aber selbst ebenfalls verkrampft wirkt. Weil man alles richtig machen will, entsteht eine unnatürliche, unentspannte Atmosphäre.

Ist-Zustand der Partnerschaft

Ich: Alles ist im grünen Bereich. Man hat sich gefunden und seinen Alltag organisiert. Highlights gibt es kaum, da man aus dem Trott der Routine nur schwer ausbrechen kann – und will. Wozu Dinge verändern und Neues anpacken, wenn man das Risiko scheut? Am Anfang war's die große Liebe; jetzt kommen Sie sehr gut miteinander aus.

Partner: Monotonie prägt die Partnerschaft; es findet wenig Interaktion statt, weil man anderweitig beschäftigt ist. Die Frau versorgt Haushalt und Kinder, der Mann mäht den Rasen und verschwindet am Abend im Hobbyraum oder hockt geistig und emotional abwesend vor dem Fernseher. Das kann noch viele Jahre so weitergehen, aber irgendwann kommt der Zeitpunkt, an dem man große Gefühle, Romantik und Leidenschaft vermisst.

Was bringt die Zukunft?

Singles: Eine gemeinsame Zukunft ist möglich, aber es ist eine gute Portion Geduld vonnöten, weil keiner von beiden den Schneid hat, sich verbal oder körperlich zu nähern. Schon der erste Kuss stellt eine echte Hürde dar. Andererseits ist das ein recht romantischer Anfang für eine langfristige Begegnung. Übereilen Sie nichts und genießen Sie die Zeit.

Paare: Alles, was man sich erhofft und gewünscht hat, ist bereits Realität geworden: ein nettes Heim, eventuell Kinder, ein gesicherter Job, nette Nachbarn, Freunde und Kollegen, die man regelmäßig sieht. Größere Pläne und Ziele gibt es kaum – eine neue Stereoanlage, ein High-Tech-Fernsehgerät oder ein flotteres Auto reichen, um weiterhin glücklich zu sein.

Ratschlag

Verfallen Sie nicht in Lethargie! Wenn das geschieht, werden Sie eines Tages geopfert werden und einer Trennung entgegensehen. Bleiben Sie flexibel, bemühen Sie sich um eigene Hobbys und interessante Freunde, die Schwung in Ihr Leben bringen. So bewahren Sie die Partnerschaft, denn wenn Sie Ihr eigenes Leben genießen, werden Sie selbst lebendiger und anziehender – und das bereichert auch die Beziehung.

Modeguide

Unauffällige und eher gediegene Kleidung wäre ideal. Entscheiden Sie sich gegen bunte Farben und ein supermodernes Outfit. Geben Sie stattdessen gesetzten Farben und einer konservativeren Garderobe den Vorzug.

Der Baum

Schlagwort: Wachstum und Reifungsprozess

Persönliches Merkmal: älter als fünfzig Jahre

Partner-Schnell-Vergleich

Ist das Ihre Karte, dann wachsen Ihre Gefühle in Bezug auf eine bestimmte Person. Das Gleiche gilt, wenn Sie diese Karte für eine andere Person gezogen haben.

Wie wird das Treffen?

Ich: Sie können sich nicht wirklich entspannen und nehmen daher eine gekünstelte Haltung ein. Sie wollen sich von Ihrer besten Seite zeigen, spielen dabei aber eine Rolle – und sind nicht Sie selbst. Erst nach einiger Zeit finden Sie wieder zu sich. Und so könnte sich der Abend doch noch in eine positive Richtung entwickeln.

Er/sie: Man zeigt sich schüchtern und verlegen. Romantisch betrachtet ist das ja ganz drollig, stellt aber auch eine Hürde dar, denn Ihre Bekanntschaft ist vorerst zaghaft und zurückhaltend. Die Sache kommt nur sehr schleppend in Gang. Dies ändert sich jedoch im Lauf der Begegnung, und das Mäuschen entwickelt sich zur Schlange, der Sie sich gern als Kaninchen zur Verfügung stellen.

Ist-Zustand der Partnerschaft

Ich: Obwohl jeder von Ihnen seinen eigenen Kopf hat, haben Sie doch das Gefühl, dass Sie beide in dieselbe Richtung marschieren und auch den gleichen Sinn für Geselligkeit, Entspannung und Rhythmus haben. Wenn es um berufliche Angelegenheiten geht, haben Sie viel Verständnis für Ihren Partner. Ihre Hobbys können völlig unterschiedlich sein, doch vermögen Sie sich für die Vergnügungen des Anderen zu erwärmen. Die Basis Ihrer Partnerschaft ist stimmig und schwer durch Einflüsse von außen zu erschüttern.

Partner: Ihr Partner ist sensibel, kompliziert und sehr klug, und genau deswegen sind Sie mit ihm zusammen. Er stellt dabei den ausgleichenden Pol dar, spendet Energie und drängt auch nicht darauf, dass Sie sich verändern mögen, damit es ihm selbst besser geht. Er akzeptiert Sie als Individuum, fördert Ihre Stärken und vernachlässigt Ihre Schwächen. Ihr Partner weiß um Ihre Qualitäten. Sie schätzen ihn dafür.

Was bringt die Zukunft?

Singles: Die zarten Gefühle wollen achtsam geprüft werden. Zu oft haben Sie in der Vergangenheit schon Schiffbruch erlitten. Für Sie selbst scheint alles klar zu sein, aber es gilt herauszufinden, ob Ihre neue Bekanntschaft genauso fühlt. Sie fühlen sich verletzlich und rechnen mit allem, nur nicht mit einem Happy End. So braucht es Geduld, bis die erste Annäherungs- und Testphase gemeistert ist, aber dann stehen die Chancen auf eine positive gemeinsame Zukunft nicht schlecht.

Paare: Gemeinsame Projekte in Sachen Arbeit, gemeinsame Wohnung, Hochzeit, Nachwuchs oder Studienreisen werden in Angriff genommen. Vorrang hat dabei zunächst einmal das gemeinsame Zuhause und anschließend das Arbeiten im eigenen Unternehmen, welches einer von Ihnen bereits führt. Eventuell planen Sie auch generell, neue berufliche Ideen umzusetzen.

Ratschlag

Ihr Partner hat schon viel seelischen Kummer erleiden müssen. Seien Sie deshalb tolerant und verständnisvoll, und schlucken Sie Ärger einfach mal hinunter, auch wenn diese sensible, nicht ganz leichte Phase etwas länger dauern könnte. Hat Ihr Partner dann erst Vertrauen zu Ihnen gefasst, wird er ganz von selbst Ihre geheimen Wünsche erfassen und umsetzen.

Modeguide

Sie können anziehen, wonach Ihnen der Sinn steht. Machen Sie vor allem nicht zu viel Brimborium; Ihre Begleitung wird nämlich im legeren Straßen-Outfit erscheinen.

Die Wolken

Schlagwort: Unklarheiten

Persönliches Merkmal: Raucher

Partner-Schnell-Vergleich

Ich: In der Liebe erleben Sie einen herben Rückschlag.

Er/sie: Sie oder er ist nicht willens und bereit, eine Bindung einzugehen.

Wie wird das Treffen?

Ich: Die Aussichten sind eher trübselig. Gehen Sie möglichst nicht mit einer bestimmten Vorstellung in dieses Treffen, denn Sie werden schnell merken, dass es nicht so läuft, wie Sie es sich erhofft haben. Im Verlauf der Begegnung könnten Sie einen herben Rückschlag erleben.

Er/sie: Der Funke wird – jedenfalls diesmal – nicht überspringen. Wobei Sie eher »gefährdet« sind als Ihre Bekanntschaft. Diese wird fasziniert und begeistert von Ihnen scheinen; Sie fühlen sich geschmeichelt. Doch diese Person weiß, wie man Sie um den Finger wickeln kann – und wird das bewusst ausnutzen.

Ist-Zustand der Partnerschaft

Ich: Sie hängen mehr an Ihrem Partner als umgekehrt. Dieser gibt sich unzugänglich und rückt nicht mit der Sprache heraus. Sie wissen um diese Diskrepanz, halten aber noch an Altem fest. Doch es wird Ihnen nicht gedankt werden; außerdem verbauen Sie sich die Chance auf neues Glück, weil Sie nicht ausbrechen, um den Weg zu sich selbst zu finden – und eventuell sogar einen neuen Partner. Der jetzige Lebensgefährte wird sich in naher Zukunft nicht ändern; Sie können kaum damit rechnen, dass er liebevoll auf Sie zugehen wird.

Partner: Ihre Hoffnungen werden enttäuscht werden, denn Sie haben es hier mit einem ausgewachsenen Egoisten zu tun. Diese Person ist sehr auf ihren eigenen Vorteil bedacht und geht dabei notfalls über Leichen. Sie nimmt wenig Rücksicht auf Ihre Gefühle und Bedürfnisse. Das Dumme an der Sache ist, dass sie sich dennoch stets im Nachteil sieht, um auf diese Weise ihren Freiraum zu wahren und Verantwortung an Sie abzugeben.

Was bringt die Zukunft?

Singles: Akzeptieren Sie, dass Sie als Liebespartner im Moment nicht füreinander geschaffen sind. Eine gute Freundschaft ist jedoch möglich, und Sie werden sie zu schätzen wissen, wenn Sie erst einmal ein wenig Abstand gewonnen haben.

Paare: Wer nicht hören will, muss fühlen. Wenn Sie nicht freiwillig gehen, dann wird man Ihnen früher oder später ganz unverhofft einen Korb geben. Wozu diese Niederlage einstecken, wenn Sie heute alles selbst in der Hand haben? Ihr Partner liebt Sie nicht, sondern benutzt Sie nur – aus Bequemlichkeit. Sie machen es ihm auch leicht, denn Sie sind brav und lammfromm.

Ratschlag

Wenn Sie es nicht lassen können, um diese Person zu kämpfen, dann seien Sie wenigstens clever! Reden Sie nicht über Zukunftspläne, auch wenn er oder sie sich in romantischen Schwärmereien ergeht. Vorsicht: Dies ist ein unbewusster psychologischer Trick, den Sie nicht ernst nehmen sollten! Weisen Sie den Anderen ab, seien Sie geheimnisvoll und unnahbar und ruhig ein wenig zickig.

Modeguide

Ihre Begleitung hat ein Faible für Schuhe und Jacken; alles Übrige wird eher vernachlässigt. Nutzen Sie dieses Wissen, und tragen Sie teure, ausgefallene Schuhe und eine edle Jacke. Der Rest darf eher unauffällig sein.

Die Schlange

Schlagwort: Rivalität oder Umwege

Persönliches Merkmal: Haarfarbe Brünett bis Schwarz

Partner-Schnell-Vergleich

Ich: Auf Sie wartet ein erotisches Abenteuer.

Er/sie: Dieser Mensch hat buchstäblich nur „das Eine" im Sinn.

Wie wird das Treffen?

Ich: Hier wird sicherlich einer von beiden gefressen – oder hoffentlich nur vernascht. Eine gewisse reizvolle Spannung liegt in der Luft. Aber aufgepasst: Nicht dass Sie entflammen, aber im Regen stehen gelassen werden.

Er/sie: Erst einmal ist es nur ein Spiel. Ihre Begleitung kann sich dabei mehr vorstellen, was allerdings nicht unbedingt mit

Gefühlen zu tun hat. Sie hingegen könnten sich in einem unbedachten Moment vergucken; der andere weiß um die Wirkung seines/ihres Charismas. Wer sich vorschnell hingibt, hat verloren.

Ist-Zustand der Partnerschaft

Ich: Ist es Liebe? Oder nur ein oberflächliches Spiel? Sie zeigen sich gern in der Öffentlichkeit an der Seite Ihres Partners, da dieser eine herausragende Persönlichkeit ist. Äußerlichkeiten sind Ihnen wichtig, wovon auch die Partnerschaft zu einem großen Teil getragen wird. Man findet seinen Partner cool und kann sich mit ihm oder über ihn identifizieren. Insgesamt aber dürften Ihre Gefühle für ihn oder sie eher kühl sein.

Partner: Karriere, Erfolg und ein hohes Einkommen haben für Ihren Partner Priorität. Ehrgeizig, ja fast fanatisch verfolgt er seine Pläne und setzt dabei die Ellenbogen ein. Ein Partner hat da wenig Platz im Herzen und ist eher für die alltäglichen Angelegenheiten da. Erfolg macht aber auch attraktiv und deshalb hängen Sie an diesem Menschen.

Was bringt die Zukunft?

Singles: Wenn Sie es nicht auf eine Beziehung anlegen, sondern lediglich das sexuelle Abenteuer genießen, weil Sie sich tatsächlich nicht verliebt haben, dann sieht es gut für Sie aus. Und es besteht sogar die Chance, dass sich das Ganze zu einer ernsthaften Partnerschaft entwickelt. Sollten Sie aber jetzt schon »mehr« wollen, dann haben Sie ein Problem. Denn Sie haben sich da jemanden ausgesucht, der schon viele Herzen gebrochen hat. Wenn Sie jetzt nicht in seine Falle gehen, könnten Sie zu seinem oder ihrem Meister werden. Und es könnten sich echte, tiefer gehende Gefühle entwickeln.

Paare: Vielleicht entscheiden Sie sich für eine gemeinsame Wohnung, die jedoch eher WG-Charakter hätte – mit der Möglichkeit, im Notfall jederzeit wieder auszuziehen. Träumten Sie schon von gemeinsamen Kindern, so könnte dieses Thema in Zukunft gemieden werden. Eine Festigung der Beziehung im Hinblick auf ein gemeinsames Altwerden steht nicht mehr zur Debatte. Sie schwimmen in dieser Verbindung, da Ihr Partner unberechenbar erscheint. Drehen Sie den Spieß um und lassen Sie sich nicht festlegen, dann könnten all die Ihnen wichtigen Themen wieder aktuell werden.

Ratschlag

Auf der sexuellen Ebene können Sie viele Punkte sammeln, denn Ihr Partner ist auf Leidenschaft aus. Verführen Sie ihn nach Strich und Faden, wenn Ihnen das liegt. Machen Sie ihn durch Verbalerotik heiß, so können Sie ihm langfristig den Kopf verdrehen und das Beziehungsfeuer schüren.

Modeguide

Als Frau sollten Sie nicht mit Ihren weiblichen Reizen geizen, sondern diese gekonnt in Szene setzen. Ein tiefer Ausschnitt und eine enge Hose oder ein kurzer Rock sind jetzt angesagt. Als Mann dürfen Sie in abgerissenen Jeans und verwaschenem T-Shirt Eindruck machen.

Der Sarg

Schlagwort: Ende, Abbruch

Persönliches Merkmal: arbeitslos

Partner-Schnell-Vergleich

Ich: Wenn Sie den Sarg gezogen haben, dann wartet auf Sie eine negative Überraschung: Eine Beziehung wird beendet oder entsteht erst gar nicht.

Er/sie: Von diesem Menschen werden Sie einen Korb erhalten.

Wie wird das Treffen?

Ich: Das sieht nach einer kurzen Begegnung aus. Kommen – sehen – gehen. Selbst wenn Sie sich aus Höflichkeit dazu aufraffen, ein wenig zu bleiben, dürfte es doch zu einem abrupten Ende kommen, da man sich sehr wahrscheinlich uneinig ist.

Er/sie: Antipathie prägt dieses Treffen. Die Stimmung ist angespannt; das Gespräch führt zu nichts. Tatsächlich hätte man auch gleich zu Hause bleiben können. Ihre Begleitung hat, um es kurz zu sagen, kein großes Interesse an Ihnen, braucht aber diese Begegnung, um das eigene Ego zu stärken.

Ist-Zustand der Partnerschaft

Ich: Vielleicht war es einmal Liebe, aber die Umstände waren stets widrig, sodass Sie als Paar niemals wirklich zusammengefunden haben. Ein Comeback ist aussichtslos, und getrennte Wege zeichnen sich ab. Die Vermutung liegt nahe, dass bereits das Kennenlernen sehr holprig vonstatten gegangen ist. Dies ist ein Zeichen dafür, dass es einfach nicht der richtige Partner für Sie ist.

Partner: Ihr Partner steckt vielleicht noch in einer alten Beziehung, wohnt Lichtjahre von Ihnen entfernt, ist möglicherweise Anzug- bzw. Kostümträger (in) oder bevorzugt einen Hippie-Look, der mit Ihren Modevorstellungen so gar nicht zusammenpassen will. Diese Diskrepanz macht er oder sie auch deutlich, sodass sich die großen Gefühle erst gar nicht einstellen können.

Was bringt die Zukunft?

Singles: Außer Spesen nichts gewesen. Nehmen Sie es als Erfahrung, aus der Sie lernen können. Mit dieser Person kommen Sie jedenfalls nicht zusammen. Diese Begegnung soll Ihnen vielmehr vor Augen führen, was Sie nicht wollen, um daran festzuhalten, was Sie wirklich wollen – und faule Kompromisse zu vermeiden.

Paare: Eine gemeinsame Zukunft kann hier ausgeschlossen werden. Die endgültige Trennung steht bevor, und das ist gut, weil Sie doch endlich Ihrer wahren Liebe begegnen wollen. Bereuen Sie nicht vergangene Zeiten, halten Sie aber auch nicht daran fest. Schauen Sie nach vorn, denn es wartet ein neues Leben auf Sie.

Ratschlag

Schreiben Sie Vorzüge und Nachteile Ihres Partners auf ein Blatt Papier, und formulieren Sie einen Satz, warum Sie diesen Menschen so sehr lieben. Vermutlich werden Sie dabei Schwierigkeiten haben und erkennen, dass diese Partnerschaft nicht funktionieren kann. Sie haben sich etwas vorgemacht.

Modeguide

Ziehen Sie Ihre Lieblingsklamotten an, Kleidung, in der Sie sich wohl fühlen, denn es steht mit großer Wahrscheinlichkeit eine Enttäuschung bevor. Und die überstehen Sie am besten, wenn Sie vollkommen Sie selbst sind.

Die Blumen

Schlagwort: Freude, positive Überraschung

Persönliches Merkmal: Charme

Partner-Schnell-Vergleich

Ich: Sie werden den Mann/die Frau Ihres Lebens kennen lernen.

Er/sie: Sie dürfen mit einer angenehmen Überraschung rechnen. Diese Person interessiert sich eindeutig für Sie.

Wie wird das Treffen?

Ich: Sie werden umgarnt und hofiert, verwöhnt und auf Händen getragen. So fühlen Sie sich in Gegenwart dieser Person sehr wohl. Hier und da geraten Sie in Verlegenheit, da der andere emotional stets den Nerv trifft. Alles in allem wird es ein sehr romantisches Date.

Er/sie: Eine knisternde Stimmung sorgt für Aufregung und Glücksmomente. Ihr Gegenüber heuchelt nicht, sondern es ist ihm oder ihr sehr ernst. Sie selbst sind ein wenig skeptisch, denn bisher ist Ihnen so etwas noch nicht begegnet. Hier und da sitzt Ihnen ein Kloß im Hals, sodass Sie nicht die richtigen Worte herausbringen – so wie in den ersten Romanzen der Teenager-Zeit. Aber keine Sorge, Ihre Begleitung weiß, wie es in Ihnen aussieht und hilft Ihnen indirekt aus der Verlegenheit.

Ist-Zustand der Partnerschaft

Ich: Respekt- und liebevoll umsorgen Sie Ihren Partner, Ihre Liebe für ihn ist sehr groß; Sie haben ähnliche Vorstellungen wie er und sind von dieser Beziehung überzeugt. Dabei fühlen Sie sich ganz einfach wohl, weshalb Sie auch eine starke positive Energie ausstrahlen. Sie gehen in der Zweisamkeit vollkommen auf.

Partner: Ihr Partner zeigt sich der Welt, geht gern schick essen, besucht Ausstellungen, gönnt sich Fitnesstraining und Wellness. Kinoabende oder gemeinsames Kochen mit Freunden sind ihm wichtig. Einem gepflegten Einkaufsbummel ist er selten abgeneigt. Schön, wenn Sie ihm oder ihr dann bereitwillig die Tüten tragen und geduldig als Ratgeber fungieren.

Was bringt die Zukunft?

Singles: Attraktivität und Charme werden Ihnen und Ihrem potenziellen Partner von der Außenwelt bescheinigt. Über Romantik wird nicht nur geredet, sondern sie wird geradezu zelebriert. Blumen oder Tickets für ein Fußballspiel sind schöne

Mitbringsel, bei denen es einem ausschließlich darum geht, den Partner zu erfreuen. Diese Begegnung kann bis zur Ehe führen.

Paare: Eine Hochzeit könnte anstehen oder zumindest ins Gespräch gebracht werden. Bei dieser Beziehung ist alles drin. Aber in erster Linie basteln Sie beide an Ihrer Karriere, erwerben weiteres Ansehen und bauen Ihre Kontakte aus. Auch könnte eine schicke Eigentumswohnung Wirklichkeit werden, wobei ein grundlegender Umbruch bevorsteht: Vielleicht ziehen Sie vom Land in die Großstadt oder umgekehrt.

Ratschlag

Werden Sie für sich selbst und Ihren Partner sensibler, und versuchen Sie auch feinere Schwingungen wahrzunehmen. Denn wenn immer alles in bester Ordnung scheint, könnte man oberflächlich werden und vielleicht gar nicht bemerken, dass der Partner Kummer und Sorgen hat – noch dazu, wenn beide bemüht sind, etwaige Defizite zu überspielen, weil sie gern gut dastehen möchten. Fehler und Niederlagen, wie auch vorübergehende Ablehnung gehören nun einmal zum Leben dazu. Konfrontiert man sich aber damit, besteht die Chance für geistiges und emotionales Wachstum. Wer Schwächen zugibt, beweist Größe.

Modeguide

Sie wissen immer um den neuesten Trend und haben in Modefragen einen sicheren Instinkt. Sie gehören zu den Menschen, die immer das Richtige zur rechten Zeit tragen. Deshalb benötigen Sie diesen Rat vermutlich gar nicht. Sollten Sie das Orakel aber trotzdem aus Unsicherheit befragt und diese Karte gezogen haben, so sei gesagt, dass Ihr Äußeres bei dieser Gelegenheit nicht perfekt sein muss. Natürlichkeit ist hier das richtige Stichwort.

Die Sense

Schlagwort: Gefahr oder Trennungsabsicht

Persönliches Merkmal: Aggressivität

Partner-Schnell-Vergleich

Sie wollen und werden sich trennen. Ist dies die Karte für eine andere Person, dann wartet auf diese das Ende einer Beziehung.

Wie wird das Treffen?

Ich: Hoffentlich sind Sie diskussionsfreudig, denn diese Person wird Sie herausfordern. Sehr wahrscheinlich sind Sie Ihrem »Gegner« überlegen, sodass dieser aggressive Argumente auftischen und persönlich werden wird. Sie können davon ausgehen, dass die Fetzen fliegen werden. Wollen Sie mehr von dieser Person, so vermeiden Sie es, sie vorzuführen.

Er/sie: Ihre neue Bekanntschaft wird Sie mögen, allerdings benimmt sie sich wie die Axt im Walde, will Ihnen klar machen, wer hier die Hosen anhat, und Sie belehren, weil sie glaubt, damit könne man Mäuse fangen. Da hat sie sich aber geschnitten und muss erfahren, dass sie bei Ihnen mit dieser Tour völlig an der falschen Adresse ist. Schließlich sind Sie keinesfalls unterbelichtet, sondern klug und erfahren. So werden Sie den Anderen wohl in seine Schranken weisen. Dies führt dazu, dass Sie Ihre Begleitung noch mehr begeistern, und sie weitermacht wie bisher, weil er oder sie einfach nicht verlieren kann.

Ist-Zustand der Partnerschaft

Ich: Ihr Partner mag Sie und liebt Sie wohl auch. Jedoch sind Sie sich seiner Gefühle nicht ganz sicher. Sie empfinden seine mangelnde Sensibilität Ihnen gegenüber als belastend. Während Sie sich sehr gut anpassen können, was auch erwartet wird, steckt in Ihrem Partner ein Freiheitsdrang, den er als völlig selbstverständlich ansieht. Sie reagieren in der Regel tolerant, erwarten aber dafür mehr Zuwendung.

Partner: Hier gibt es wenig oder gar keine Übereinstimmungen. Die Hobbys Ihres Partners weichen deutlich von Ihren Interessen ab. Auch einen gemeinsamen Freundeskreis konnten Sie bisher nicht aufbauen, denn Ihr Partner geht gern seiner eigenen Wege und bevorzugt Geselligkeit, die sich Ihrer Kontrolle entzieht. Sollte aus beruflichen Gründen ein Ortswechsel anstehen, würde er ohne große Rücksicht auf Sie einfach zusagen, denn seine Karriere geht ihm über alles.

Was bringt die Zukunft?

Singles: Für zwei bis drei weitere Dates könnte es reichen, viel wahrscheinlicher aber ist, dass Sie gleich am ersten Abend für immer Abschied nehmen, wobei Sie deutliche Worte sprechen und zum Schluss noch einmal richtig abrechnen werden.

Paare: Das Unvermeidliche steht bevor. Eine Trennungstendenz zeichnet sich ohnehin schon lange ab. Machen Sie mit Ihrem Partner reinen Tisch. Vermutlich wird er dies aber zunächst einmal gar nicht ernst nehmen. Er zieht sich zwar beleidigt zurück, jedoch nur aus der Überzeugung heraus, dass Sie schon merken werden, was Sie an ihm haben. Wenn er dann merkt, dass Sie tatsächlich meinen, was Sie sagen, wird er plötzlich wieder auf Sie zukommen. Dazugelernt hat er jedoch nichts.

Ratschlag

Vergebliche Liebesmüh. Intelligenz und Einsicht werden Sie dieser Person nicht einflößen können. Sie können nur zusehen, wie Sie schnell aus dieser Sache herauskommen. Erklären brauchen Sie nichts, rechtfertigen müssen Sie auch nichts, sagen Sie ganz einfach, dass die Gefühle nicht mehr stimmen und er oder sie etwas Besseres verdient hat, weil Sie den Ansprüchen nicht genügen können. So nehmen Sie dem Anderen den Wind aus den Segeln.

Modeguide

Ein sportliches Outfit ist hier die richtige Wahl. Passen Sie nur auf, dass Sie sich kein allzu modisches Hemd bzw. keine übertrieben trendige Bluse aussuchen. Das könnte unangebracht und damit peinlich wirken. Prüfen Sie außerdem, ob die Kleidung nicht zerrissen ist, Knöpfe fehlen, etwas verfärbt, verwaschen oder eingelaufen ist oder sich der Reißverschluss auf der Toilette im Restaurant verabschieden könnte. Diese Gefahr zeigt DIE SENSE grundsätzlich an.

Die Rute

Schlagwort: Streit oder Diskussion

Persönliches Merkmal: lange bzw. mittellange Haare

Partner-Schnell-Vergleich

Ich: Auf Sie wartet nur Gerede, aber es folgen keine Taten.
Er/sie: Dieser Mensch ist diskussions- bis streitfreudig.

Wie wird das Treffen?

Ich: Man hat viele Gesprächsthemen, spricht über dies und jenes. Sie werden immer mal wieder von Ihrem Gegenüber unterbrochen, und ob Sie wirklich einen Konsens finden, kommt auf Ihr Geschick in der Gesprächsführung an. Die Stimmung ist allgemein eher trocken. Kommt allerdings noch eine andere Ebene ins Spiel, zum Beispiel, wenn Sie gemeinsam tanzen gehen, dann könnten auch die Gefühle anspringen.

Er/sie: Auf den ersten Blick denkt sich Ihr Gegenüber, dass Sie nicht ganz sein oder ihr Fall sind. Die Unterhaltung wirkt etwas bemüht, es fehlt an Herzlichkeit. Aus einer Laune heraus, und weil der andere irgendwie doch noch nicht nach Hause gehen will, wechseln sie gemeinsam das Lokal. Vielleicht genehmigen Sie sich den einen oder anderen Cocktail, und die Stimmung lockert sich doch noch auf. Wenn sie Sie schließlich noch zu einem gemeinsamen Tänzchen animiert, könnte diese Person vollends auftauen, da ihr die Körpersprache besser liegt.

Ist-Zustand der Partnerschaft

Ich: Alles wird bis ins Kleinste ausdiskutiert, und Sie haben dieses Reden und Zerreden gründlich satt. So flüchten Sie häufig schon im Voraus vor der Nähe Ihres Partners, wenn Sie ahnen, dass Sie sich wieder mal eine unnötige Standpauke anhören müssen. Erschöpfung macht sich breit – und Resignation. Sie wünschen sich eine Veränderung, denn Sie möchten doch an der Partnerschaft festhalten, aber Sie wissen nicht, wie Sie die Sache angehen sollen.

Partner: Politische Vorträge und Nachrichten, Zeitungen und Magazine, die sich wirtschaftlichen und kulturellen Themen widmen, gehören bei Ihrem Partner zum täglichen Ritual. Dabei merkt er nicht, dass Sie beide langsam immer mehr getrennte Wege gehen, weil er kaum noch körperliche Nähe zulassen kann und sie auch nicht sucht.

Was bringt die Zukunft?

Singles: Ob sich der Einsatz lohnt, und ob es angebracht ist, eine weitere Entwicklung dieser Begegnung voranzutreiben, bleibt Ihnen überlassen. Die Voraussetzungen sind allerdings nicht die besten. Weitere Treffen bieten sich nur an, wenn Sie nichts Aufregenderes vorhaben. Dass hieraus eine Partnerschaft entsteht, ist unwahrscheinlich.

Paare: Einer von Ihnen wird ausbrechen, wenn sich nicht sofort etwas ändert. Hier ist dringend mehr Körperkontakt gefragt! Streichel- und Kuscheleinheiten sind Balsam für die Seele. Leidenschaft gehört zur Liebe dazu, und wenn die nicht mehr im Spiel ist, wird man frustriert und geht ein wie eine Primel, die nicht genügend Wasser bekommt. Es ist nicht einfach, Lust und Leidenschaft neu zu entfachen – aber möglich ist es.

Ratschlag

Eine Paarberatung wäre ratsam. Oder Sie überwinden einfach Ihre Hemmungen und suchen das offene Gespräch mit Ihrem Partner. Das erfordert Mut, aber es verleiht auch neuen Mut, wenn man sich dann getraut hat, und wenn beide ehrlich gesagt haben, wo sie gerade stehen. Das stärkt den Zusammenhalt, selbst wenn man herausfindet, dass man zurzeit nicht derselben Meinung ist oder sich insgesamt voneinander entfernt hat.

Modeguide

Ein wenig seriös darf es schon sein. Es müssen nicht gleich Anzug oder Kostüm sein, aber flippig oder leger ist heute nicht angesagt. Für den Herrn empfehlen sich Stoffhose und pfiffiger Pulli, für die Dame Rock oder schwarze Hose mit Bügelfalte, kombiniert mit einem Top und schlichtem Schmuck.

Die Eulen

Schlagwort: Unsicherheit

Persönliches Merkmal: Launenhaftigkeit

Partner-Schnell-Vergleich

Ich: Sie begegnen einem notorischen Miesepeter.

Er/sie: Dieser Mensch ist nicht besonders gut aufgelegt – was leider häufig der Fall ist.

Wie wird das Treffen?

Ich: Das wird ein unruhiges Treffen. Einer von Ihnen scheint auf der Flucht zu sein, da er immerzu unruhig auf die Uhr schaut oder ungemütlich auf dem Stuhl hin- und herrutscht. So wird signalisiert, dass das Interesse an einer längeren Begegnung nicht wirklich vorhanden ist.

Er/sie: Dieser Mensch macht Sie nervös, weil er etwas an sich hat, das unnormal auf Sie wirkt: Er hat einen so genannten Tick und ist sehr mit sich selbst beschäftigt, weshalb er sich kaum auf Sie einlassen kann. Dies ist die falsche Person für Sie – am falschen Ort und zu unpassender Zeit.

Ist-Zustand der Partnerschaft

Ich: Sexuell dürften Sie beide sehr wohl harmonieren, auf diesem Gebiet müssen Sie auf nichts verzichten. Ansonsten sieht Ihre Partnerschaft zurzeit nicht allzu rosig aus; jedenfalls ist sie weit entfernt von einer gut funktionierenden Beziehung. Denn Sie sind mit sich selbst und schwierigen Umständen im Job wie auch einer heiklen finanziellen Situation beschäftigt. Die Sexualität stellt lediglich ein Ventil dar, um Stress abzubauen, hat aber wenig mit den Gefühlen für den Partner zu tun.

Partner: Sie sind gemeinsam einsam, denn Ihr Partner ist sehr mit sich selbst beschäftigt. Den Interessen, die er am Anfang der Begegnung mit Ihnen teilte, geht er jetzt allein nach. Die einzigen gemeinsamen »Pläne«, die er hat, bestehen darin, auf bessere Zeiten zu warten. Er übersieht dabei, dass ihn eine Beziehung, in der es Liebe und Geborgenheit gibt, motivieren und aufbauen könnte.

Was bringt die Zukunft?

Singles: Das nächste Treffen verläuft hektisch, stressig und wird insgesamt eher kurz ausfallen. Und das war's dann auch schon. Der Kontakt wird danach abgebrochen.

Paare: Die Probleme werden überhand nehmen, und Sie könnten daran zerbrechen. Sie brauchen einen Partner, der Sie tatkräftig unterstützt, um Ihnen aus dem persönlichen

Schlamassel wieder herauszuhelfen. Es reicht schon, wenn dies auf mentaler Ebene geschieht, denn neue positive Energien können schon durch neue Perspektiven entstehen.

Ratschlag

Die Situation ist so festgefahren, dass es kaum mehr einen Ausweg gibt. Es sei denn, Sie holen sich professionelle Hilfe durch einen Paartherapeuten oder Eheberater. In finanziellen und beruflichen Angelegenheiten gilt das Gleiche: Nehmen Sie die Unterstützung eines Fachmanns in Anspruch und klären Sie Ihre Geldsituation bzw. machen Sie sich auf die Suche nach einem neuen Job.

Modeguide

Für den Herrn empfiehlt sich ein graues oder braunes Sakko mit einem Rolli oder T-Shirt darunter, dazu eine passende Stoffhose, vorzugsweise in Schwarz. Diese Kleidung kennzeichnet den intellektuellen Typ. Die Dame sollte ein Kostüm aus festem dunklen Stoff tragen. Kann sie es sich erlauben, dann wäre ein Rock der Hose vorzuziehen. Legen Sie wenig Schmuck an und schminken Sie sich dezent.

Das Kind

Schlagwort: Neuanfang

Persönliches Merkmal: zwei bis zehn Jahre jünger als der Ratsuchende

Partner-Schnell-Vergleich

Ich: In Sachen Partnerschaft stehen Sie vor einem Neuanfang.

Er/sie: Dieser Mensch ist deutlich jünger als Sie oder auffallend naiv.

Wie wird das Treffen?

Ich: Die Karte Das Kind symbolisiert eine gewisse Naivität. Hier treffen Sie auf eine Frohnatur. Handelt es sich um eine Frau, so gibt sie sich womöglich auffallend kokett. Ist Ihr Gegenüber ein Mann, so könnte er sich ein wenig zu weit aus dem Fenster lehnen und einen peinlichen Humor an den Tag legen. Insgesamt aber herrscht bei diesem Treffen eine fröhliche, offene und optimistische Stimmung in Ihnen. Sie würden diese Person gern näher kennen lernen.

Er/sie: Ihr Gegenüber benimmt sich ein wenig kindisch und albern, da er oder sie ein wenig verkrampft ist und so die innere Anspannung abzubauen sucht. Sie machen diese Person nervös, das ist ein Pluspunkt für Sie. Sie mag Sie, weil Sie unkompliziert erscheinen. Die Zeichen stehen gut, dass sich aus dieser Begegnung mehr entwickelt.

Ist-Zustand der Partnerschaft

Ich: Immer neue Impulse beflügeln die Emotionen und bescheren Ihnen Auftrieb in der Partnerschaft. Langweilig wird es Ihnen selten. Einigkeit und Zusammenhalt in allen Bereichen werden bewusst von Ihnen gesteuert. Loyalität ist Ihnen ebenfalls sehr wichtig. Ganz klar, Sie schätzen Ihre Partnerschaft so, wie sie ist.

Partner: Tiere, Kinder, Vereine und Nachbarn werden von diesem Menschen behütet und umsorgt. Der alten kranken Dame nebenan bringt er eine Suppe vorbei, für Kinder hat er immer eine kleine Überraschung parat. Ein Hund zum Toben, eine Katze zum Schmusen oder ein Pony für die Kutsche könnten seine Herzenswünsche sein, die er sich schon erfüllt hat oder gern erfüllen würde. In Clubs sitzt er hier und da mal dem Vorstand bei und hat ehrenamtliche Posten inne. Kurz: ein fürsorglicher Partner mit einem Herz aus Gold.

Was bringt die Zukunft?

Singles: Bei mehreren Treffen werden Sie sich schnell näher kommen. Dass man sich einig ist, besonders was die Ziele einer Partnerschaft angeht, wird schnell offenbar, da keiner von Ihnen falsche Scheu an den Tag legt, sondern sagt, was er denkt und will. Barrieren und Hindernisse gibt es hier kaum.

Paare: Um das Glück zu vervollkommnen und die eigene Lebensfreude weiterzugeben, wünscht man sich Nachwuchs. Die Vorstellung, mit den Kindern gemeinsam auf Reisen zu gehen, sie beim Lernen und Wachsen zu erleben, bringt eine wahre Euphorie und Vorfreude mit sich. Sie werden Eltern sein, die für die Kinder da sind, und denen es leicht fällt, mit ihnen ihre Zeit zu verbringen, da Sie sich mit der Kinderseele gut identifizieren können.

Ratschlag

Schön, wenn man ein passendes Pendant gefunden hat, aber bei all der Einigkeit und Seligkeit kann man schnell übersehen, dass die Welt da draußen es nicht immer gut mit einem meint. Selbst wenn Sie immer positiv eingestellt sind: Es kann auch Negatives auf Sie zukommen, denn Ihre unbeschwerte Lebensfreude provoziert zuweilen den Neid der Anderen. Etwas mehr Skepsis ist angesagt. Sammeln Sie neue Lebenserfahrungen, indem Sie Wagemut zeigen und sich auch mal deutlich aus dem eigenen Wirkungskreis entfernen. Das fördert den Weitblick.

Modeguide

Der Herr liegt richtig, wenn er Jeans und ein gemustertes T-Shirt wählt. Es darf ausgefallen sein. Die Haare sollten aussehen, als wären Sie soeben aus dem Bett gestiegen. Das Out-of-Bed-Styling-Gel finden Sie in der nächsten Drogerie. Der Dame ist eine Carmen-Bluse zu Rock oder Jeans zu empfehlen. Dazu passen spielerisch gestylte Haare – zum Beispiel geflochtene Zöpfe.

Der Fuchs

Schlagwort: Unehrlichkeit, Betrug

Persönliches Merkmal: rote Haare

Partner-Schnell-Vergleich

Ich: Sie sind in dieser Begegnung nicht ehrlich. Möchten Sie die Partnerschaft überhaupt?

Er/sie: Betrug, Hinterhältigkeit oder ein geheimes Techtelmechtel ist in Sachen Liebe im Spiel. Es kann auch sein, dass in Wirklichkeit gar keine ehrliche Absicht besteht, eine Partnerschaft einzugehen.

Wie wird das Treffen?

Ich: Sie gehen davon aus, dass sich hinter der anderen Person generell Großes verbirgt. Deshalb lassen Sie die Katze im Sack und pokern mit frech-provokativen Sprüchen, um Treffer zu landen. Die Rechnung könnte für dieses Mal aufgehen – wenn Sie sich nicht verführen lassen.

Er/sie: Hier geht es ausschließlich darum, eine Trophäe zu kassieren. Sie gefallen Ihrer Begleitung, und sie verspricht sich irgendwelche Vorteile von Ihrer Eroberung: Entweder vermutet man Ansehen oder Geld hinter Ihrer Person, oder aber es ist Ihre auffallende Attraktivität, die ins Beuteschema passt.

Ist-Zustand der Partnerschaft

Ich: Sie nehmen Ihren Partner ernst und respektieren ihn, während er oder sie sich auch gern mal über Sie lustig macht. Ausstellungen, Events und nachbarschaftliche Einladungen werden ab und an gemeinsam wahrgenommen, ebenso Studien- und Städtereisen, wobei Ihr Partner federführend ist. Grundsätzlich sind Sie unsicher, ob er Sie noch liebt.

Partner: Ihr Partner führt Sie hinters Licht, was daran liegt, dass seine Leidenschaft abgenommen hat. Sie dürften Konkurrenz haben, vielleicht nur temporär, vielleicht aber auch schon seit geraumer Zeit. Da er glaubt, dass Sie ihm geistig nicht gewachsen sind, hat Ihr Partner den Respekt vor Ihnen verloren, und die jetzige Situation hat sich schon seit Längerem angebahnt.

Was bringt die Zukunft?

Singles: Wenn Sie das Mausen nicht lassen können, dann versuchen Sie eben Ihr Glück. Vielleicht gelingt Ihnen ja auch diese Eroberung. Solange Sie Ihre Gefühle im Griff haben und sich nicht verlieben, dürften Sie eine aufregende Zeit erleben.

Andernfalls steht Ihnen Liebeskummer bevor. Dieser Mann oder diese Frau ist für eine feste Beziehung ungeeignet.

Paare: Eine Trennung steht bevor, jedoch wird diese nicht gleich umgesetzt, da Ihr Partner zögert. Schließlich will er die Bequemlichkeiten, die Sie ihm bescheren (Sie sind der Versorger oder kümmern sich um Haushalt und Kinder) nicht einfach so aufgeben. Zudem hat er Angst vor Klatsch und Tratsch; man könnte ihm nachsagen, dass er unfähig ist, eine Beziehung zu führen. Stellen Sie sich außerdem darauf ein, dass Sie wenig Unterstützung erhalten werden. Im Gegenteil: Man wird Ihnen auch von anderer Seite Knüppel zwischen die Beine werfen.

Ratschlag

Kommen Sie Ihrem Partner mit einer Trennung zuvor, und versuchen Sie den Schaden zu begrenzen, indem Sie heimlich alle notwendigen Schritte einleiten. Es wird Ihnen nicht gelingen, Ihre Beziehung zu verändern – höchstens auf Ihre Kosten. Wollen Sie aber wieder respektiert und geliebt werden, nämlich in einer neuen Liebesbeziehung, dann müssen Sie schnell handeln. Geben Sie Ihrem Partner in allen Punkten Recht, nehmen Sie alle Schuld auf sich, und versuchen Sie finanziellen Schaden zu verhindern, indem Sie rechtzeitig sämtliche Unterlagen kopieren und einen Anwalt konsultieren. Lassen Sie Ihren Partner dabei im Ungewissen, sodass Sie für ihn ab sofort unberechenbar sind und er feststellen muss, dass Sie alles andere als einfältig sind, denn das hat er Ihnen ja jahrelang vorgehalten.

Modeguide

Eher klassisch mit Anzug und Hemd, aber ohne Krawatte wäre für den Herrn der richtige Stil. Für die Dame empfehlen sich eine Hochsteckfrisur, Jackett und wahlweise Rock oder Hose in gedeckten Farben.

Der Bär

Schlagwort: Eifersucht, Besitzanspruch

Persönliches Merkmal: kräftige Statur, evtl. starke Körperbehaarung

Partner-Schnell-Vergleich

Ich: Sie sind eifersüchtig – noch ohne Grund.

Er/sie: Ihr Partner bzw. Ihre neue Bekanntschaft ist sehr eifersüchtig und übt auf diese Weise Druck auf Sie aus.

Wie wird das Treffen?

Ich: Wie? Sie kennen sich noch nicht richtig und dennoch sind Sie jetzt schon eifersüchtig? Man darf hoffen, dass dies auf Gegenseitigkeit beruht, man sich also fast schon als Paar betrachtet. Die Stimmung wird jedenfalls aufregend gespannt sein.

Er/sie: Erzählen Sie Ihrer Begleitung nicht zu viel von vergangenen Beziehungen und Affären, das verträgt sie nicht gut, und sie wird Ihnen das auch sagen. Möglicherweise möchte Ihr Gegenüber Ihnen auf diese Weise schmeicheln – oder nur mal schauen, wie Sie reagieren und ob Sie zugänglich sind. An Ihnen interessiert ist diese Person auf jeden Fall.

Ist-Zustand der Partnerschaft

Ich: Ihre Liebe ist groß, Sie können und mögen ohne Ihren Partner nicht sein, obwohl er sie gern maßregelt und seinen Führungsanspruch geltend macht. Sie fügen sich widerwillig, was zu Machtkämpfen zwischen Ihnen führt, aber Ihr Partner hat Sie doch immer wieder im Griff. Sie sind ihm fast hörig, aber das ist Ihnen nicht bewusst.

Partner: Ihr Partner sagt Ihnen zwar regelmäßig, dass er Sie liebt und Sie nie betrügen würde, weil er das mit seinem Gewissen nicht vereinbaren könnte. Tatsache ist aber, dass er sich hier und da anderweitig seine Bestätigung holt. Es muss dabei nicht bis zum Äußersten kommen, aber der Treueschwur ist dennoch nicht ganz echt. Damit Sie gar nicht erst misstrauisch werden, spielt er oder sie den eifersüchtigen Part, unterstellt Ihnen Liebschaften, und so würden Sie nie auf die Idee kommen, dass hinter den Kulissen ein ganz anderes Spiel gespielt wird.

Was bringt die Zukunft?

Singles: Die Chancen stehen gut, dass sich eine spannende Partnerschaft mit viel Leidenschaft entwickeln wird. Allerdings ist es möglich, dass die auserwählte Herzensdame oder

der Herzensmann sich zunächst für kurze Zeit zurückzieht. Bleiben Sie in diesem Fall cool und nehmen Sie es hin, so wird sich innerhalb weniger Tage das Blatt für Sie wenden. Und dann wartet eine langjährige Beziehung auf Sie.

Paare: Früher oder später hat die Maskerade ein Ende, und Sie legen endlich die rosarote Brille ab. Was Ihr Partner Ihnen vorspielt, ist nicht echt. Machen Sie sich auf Konkurrenz gefasst: Ein Rivale oder eine Nebenbuhlerin wird auftauchen. Leider drehen Sie vor lauter Liebeskummer durch und können nicht loslassen. So wird sich die Trennung lediglich hinauszögern.

Ratschlag

Das Kind ist schon vor langer Zeit in den Brunnen gefallen, denn Ihr Partner sucht auf neuen Wegen Anerkennung beim anderen Geschlecht, weil er ansonsten in sämtlichen Lebensbereichen mit Unsicherheit und Zweifeln zu kämpfen hat. Er hat Probleme mit dem Selbstbewusstsein, weil er den begehrten Job nicht bekommen hat oder beim Sport oder anderen Freizeitaktivitäten nicht vorne mit dabei ist. Auch Ihr liebevoller Zuspruch konnte da nicht helfen. Ihr Partner ist für Sie nicht (mehr) zugänglich. Lassen Sie ihn gehen. Eine viel passendere Liebe wartet schon auf Sie.

Modeguide

Konservativ ist angesagt: Jeanshose, kariertes Hemd, glänzende Schuhe und Lederjacke für den Herrn; Rock, Top oder Bluse, mit Pumps und schlichtem Schmuck kombiniert für die Dame. Tragen Sie die Haare klassisch nach hinten gebunden.

Die Sterne

Schlagwort: gute Gedanken, gute Ideen

Persönliches Merkmal: graue oder melierte Haare

Partner-Schnell-Vergleich

Ich: Wenn Sie Die Sterne gezogen haben, so steht ein partnerschaftlicher Neuanfang bevor.

Er/sie: Er oder sie interessiert sich sehr für Esoterik und wünscht sich eine Beziehung mit einem gleich gesinnten Menschen.

Wie wird das Treffen?

Ich: Mögen Sie Tee? Möchten Sie auch noch über Tee und dessen Anbaugebiete reden? Und dies möglichst ausführlich? Dann dürfte dieser Abend eine Bereicherung für Sie darstellen. Wenn nicht, dann müssen Sie Pionierarbeit leisten und diese Person dazu bekehren, sich neben ihren Lieblingsthemen auch mal für etwas anderes zu interessieren. Dieser Mensch fachsimpelt nun mal gern und steigt dann voll in ein Thema ein. Es muss natürlich nicht unbedingt Tee sein, aber die Themenauswahl könnte Sie langweilen.

Er/sie: Eher zurückhaltend spricht diese Person über Lebensberatung, Esoterik oder Psychologie – mit monotoner Stimme und wenig Feuer, jedoch inhaltlich wertvoll und interessant. Dabei drängt sie sich nicht auf, sondern wartet zunächst die Reaktionen ihres Publikums ab. Für Sie ist dieses Thema etwas Neues, es wird Sie fesseln und zu mehr Weitsicht inspirieren. Dieser scheinbare Langweiler bzw. diese vermeintliche Langweilerin könnte sich in Sie verlieben, denn Sie sind das Publikum, welches er oder sie bereichern kann – und genau so etwas hat man gesucht.

Ist-Zustand der Partnerschaft

Ich: Sie haben genug von den vielen Geschichten Ihres Partners und sind eigentlich in Party- und Action-Laune. Die Lust am gemeinsamen Plausch beim Latte Macchiato ist Ihnen vergangen, denn Ihr Geist ist erschöpft und Ihr Körper verlangt nach Bewegung und Amüsement. Die Zweisamkeit, die Sie einst so genossen haben, wirkt auf Sie ermüdend, was nicht heißt, dass Sie Ihren Partner nicht mehr schätzen würden. Aber in Ihnen wird das Bedürfnis nach Veränderung immer drängender.

Partner: Er oder sie findet es wunderschön, mit dem oder der Geliebten gemeinsam zu frühstücken und über Gott und die Welt zu plaudern oder hier und da ein wenig fachzusimpeln und sich über die unterschiedlichen Weltanschauungen auszutauschen. Mit Ihnen könnte dieser Mensch Berge versetzen, aber nur zu Hause im eigenen Wohnzimmer. Er möchte Ihnen noch viele Dinge beibringen, ist klug und weise und hat Freude an Ihnen als aufmerksamem Zuhörer.

Was bringt die Zukunft?

Singles: Sind Sie willens und in der Lage, sich auf jemanden einzustellen, der jenseits Ihrer bisherigen Vorstellungen und Erfahrungen ist, dann erwartet Sie eine fruchtbare Zeit mit diesem Mann oder dieser Frau. Sie erkennen, dass materielle Dinge und gesellschaftliche Zwänge nur begrenzt wichtig sind und dass der Geist von einer unerschöpflichen Weite ist – fast wie das Universum. Sie können durch diese Begegnung lernen, mit Ihrem Kopf umzugehen und mehr Toleranz und Verständnis zu entwickeln. Diese Beziehung wäre etwas wirklich Neues. Und sie könnte bis zum Lebensende halten.

Paare: Hier besteht die Gefahr, dass die Beziehung nur aus Pflichtgefühl aufrechterhalten wird; persönliche Bedürfnisse werden dabei aufgegeben. Diese Person passt sich nicht aus Liebe, sondern aus Verantwortungsbewusstsein an, empfindet dabei seelische Beklemmungen und kompensiert diese, indem er/sie stets belehren will, um kleinere persönliche Siege zu erringen.

Ratschlag

In jüngster Vergangenheit haben Sie immer mehr gespürt, dass Sie Ihrem Partner keine tieferen Gefühle mehr entgegenbringen und ihn auch nicht mehr begehren. Sie können offen mit ihm darüber reden, denn er zeigt sich verständnisvoll und wird Sie ohne Komplikationen ziehen lassen. Sollten Sie schon länger von ihm genervt sein und überreizt auf seine Handlungen reagieren, so reißen Sie sich jetzt am Riemen und überschütten Sie ihn nicht mit Vorwürfen, denn im Gegensatz zu Ihnen liebt er Sie noch. Für einen gesunden Abschluss sollten Sie ihm sagen, dass er ein wunderbarer Mensch ist. Verletzen Sie die Person, mit der Sie die letzten Monate oder Jahre verbracht haben, nicht noch zusätzlich.

Modeguide

Eine Mischung aus klassisch und sportlich in der Farbe Schwarz ist angesagt. Für den Herrn schwarze Jeans, aber Designer-Schuhe, Marken-Pullover und kurzer Blouson. Die Dame – falls das Teil ihres Repertoires ist – kann einen Minirock wagen, dazu Turnschuhe und ein edles Oberteil.

Die Störche

Schlagwort: positive Veränderung

Persönliches Merkmal: Temperament

Partner-Schnell-Vergleich

Ich: Sie finden in Kürze einen neuen Partner.
Er/sie: Dies könnte Ihr neuer Partner werden.

Wie wird das Treffen?

Ich: Ihre Power wirkt ansteckend und überträgt sich sofort auf Ihr Gegenüber. Sie haben bei diesem Treffen ganz eindeutig eine kraftvolle, einnehmende Ausstrahlung. Sie fühlen sich gut, und Ihre Erzählungen finden einen aufmerksamen Zuhörer. Dies wiederum führt dazu, dass Sie sich weiter öffnen und ein wenig von Ihrer Burschikosität ablegen. So besteht die Chance für einen harmonischen wechselseitigen Austausch.

Er/sie: Diese Person empfindet Sie als quicklebendig und bemerkt, dass Sie voller Energie stecken und handeln, anstatt nur zu reden. Das imponiert, denn Sie stellen dar, was Sie im Leben schon erreicht haben, wobei Sie aber auf dem Teppich geblieben sind – eine nicht so häufig vorkommende gesunde Mischung, die auf Ihr Gegenüber sehr anziehend wirkt. Sie werden ganz offensichtlich bewundert.

Ist-Zustand der Partnerschaft

Ich: Bis jetzt lief alles gut, aber nun ist eine deutliche Veränderung nötig. Ihre Partnerschaft war von Zielstrebigkeit und Wachstum im Job und ebenso von Liebe und Leidenschaft in einem ausgewogenen Verhältnis geprägt. Sie genossen Unternehmungen im Freundeskreis, und die Beziehung war immer abwechslungsreich. Jedoch ist die Zeit für etwas Neues gekommen. Eine Entscheidung muss getroffen werden, um in ein ruhigeres Fahrwasser mit neuer, klarer Zielsetzung zu kommen. Alles scheint erreicht; was fehlt, sind Kinder, ein Eigenheim oder der Umzug ins Ausland. Kurz: ein Neuanfang. Diese Gedanken beschäftigen Sie, und nun soll es konkret werden.

Partner: Ihr Partner macht einen unzufriedenen, unruhigen Eindruck. Das macht es nicht immer leicht, mit ihm auszukommen, denn die Suche nach dem wahren Glück – sei es durch ein tolles Hobby, umfangreiche Renovierungsmaßnahmen am Haus oder regelmäßige Kurzreisen – nimmt ihn ziemlich in Beschlag. Dies hat nichts mit Ihnen zu tun, denn Sie werden geliebt. Die Ursache für die Unzufriedenheit liegt in Wahrheit darin, dass Ihr Partner sich beruflich noch nicht gefunden hat. Der heimliche Konsum von so genannten »weichen« Drogen wäre denkbar.

Was bringt die Zukunft?

Singles: Vermutlich werden Sie auch in Zukunft gemeinsam durch die Kneipen ziehen. Dies muss nicht bedeuten, dass sich gleich mehr daraus entwickelt, es ist nur ein Anfang – wenn auch ein guter. Dennoch besteht die Möglichkeit, dass Sie sich wieder aus den Augen verlieren bzw. lediglich eine lockere Freundschaft pflegen. Bis es dann zu einem späteren Zeitpunkt richtig funkt.

Paare: Aufbruchstimmung ist angesagt, Veränderungen stehen an. Diese können kleinere, aber auch größere Ausmaße annehmen. Vielleicht ist es nur die Anschaffung eines neuen Autos oder aber eine Renovierung? Sehr viel wahrscheinlicher aber werden Sie umziehen, weil Sie sich vergrößern wollen und dabei auch an Nachwuchs denken. Die Beziehung sieht dynamisch und stabil aus.

Ratschlag

Versuchen Sie nicht auf zu vielen Hochzeiten gleichzeitig zu tanzen. Heute in die Selbstständigkeit, morgen nach Schanghai und übermorgen gründet man eine Rockband. Versuchen Sie, Ihre Projekte Schritt für Schritt und eher nacheinander zu realisieren. Setzen Sie dabei Prioritäten. Und verlieren Sie Ihre Partnerschaft nicht aus den Augen! Denn sie ist Ihre Basis. Sie erhalten hier wertvolle Unterstützung, sofern Sie Ihrem Partner das Gefühl geben, dass er an Ihren Entscheidungen beteiligt und Ihnen grundsätzlich wichtig ist.

Modeguide

Sie gehören zu den Leuten, die immer den richtigen Riecher für die neuesten Trends haben. Dabei setzen Sie bewusst auf saloppe, aber individuelle Kleidung. Wie wär's heute zum Beispiel mit einem pfiffigen, außergewöhnlichen Oberteil? Kleiden Sie sich aber insgesamt wie immer, damit liegen Sie auch heute absolut richtig.

Der Hund

Schlagwort: Freundschaft

Persönliches Merkmal: blonde bis dunkelblonde Haare

Partner-Schnell-Vergleich

Ich: Sie hegen für diese Person nur freundschaftliche Gefühle.
Er/sie: Dieser Mensch könnte sich mehr vorstellen.

Wie wird das Treffen?

Ich: Dunkelbraune Knopfaugen gefällig? Ein Blick, dem man nicht widerstehen kann? Klingt aufregend, aber hinter diesen verführerischen Augen verbergen sich eher Treue, Freundschaft und Anlehnungsbedürfnis – und Sie sollen hier den Unterhalter spielen. Das könnte im ersten Moment nett sein, stellt aber keine Herausforderung für Sie dar. Mehr als Freundschaft ist hier von Ihrer Seite nicht drin.

Er/sie: Diese Person ist überaus freundlich und zuvorkommend, weiß sich zu benehmen und hat gute Umgangsformen. Sie würde jedoch einen Teufel tun und Ihnen sagen, dass sie sich mehr von Ihnen wünscht. Möglicherweise ist ihr auch nicht bewusst, dass schon Gefühle in ihr schlummern, und vermutet deswegen auch nicht, dass dies bei Ihnen gleichermaßen der Fall ist.

Ist-Zustand der Partnerschaft

Ich: Da haben Sie einen guten Kumpel an Ihrer Seite; die Harmonie und das Verständnis füreinander sind ein herausragendes Merkmal Ihrer Beziehung. Sie beide kennen sich in- und auswendig, es gibt selten Auseinandersetzungen, und Sie können sich auf Ihren Partner verlassen. Aber Ihnen fehlt das Feuer der Leidenschaft, denn im sexuellen Bereich herrscht Langweile bis Abstinenz. Das frustriert Sie.

Partner: Verlässlichkeit und Treue zeichnen diese Person aus, die ein wenig zu Ihnen aufblickt, da Sie die treibende Kraft in der Beziehung sind. Für Ihren Partner ist alles in Ordnung, er fühlt sich wohl bei Ihnen und schmückt sich gern mit Ihnen in der Öffentlichkeit. Nie würde es ihm in den Sinn kommen, Sie zu hintergehen oder Sie gar zu verlassen.

Was bringt die Zukunft?

Singles: Mehrere Treffen sind notwendig, um sich erst einmal darüber klar zu werden, ob man von diesem Menschen mehr will oder nicht. Eine ganze Weile lang könnte es eher unverbindlich und freundschaftlich zugehen. Den Kontakt möchten Sie jedoch nicht abreißen lassen, denn Sie vertragen sich hervorragend und verbringen gern Ihre Freizeit miteinander. Dies ermöglicht ein langsames Kennenlernen, das in diesem Fall sehr förderlich ist, denn Sie beide haben schon genug Liebeskummer erfahren und sind vorsichtig geworden. So darf man die Leichen im Keller des Anderen schon vorher sehen und stellt fest, dass man sich auch mit den Schattenseiten anfreunden kann. Irgendwann macht es im richtigen Moment „klick" – eine Beziehung fürs Leben ist möglich.

Paare: Die Partnerschaft steht auf Messers Schneide, denn Sie haben Sehnsucht nach Prickeln und Aufregung. Ihr Partner weiß nicht, wie schlecht es um Ihre Gefühle steht. Sie aber werden zunehmend ungerechter und suchen die Auseinandersetzung in der Hoffnung, dass Ihrem Partner der Kragen platzt und er die Trennung will. Das wäre wohl die einfachste Lösung, aber dazu wird es nicht kommen. Sie müssen schon den direkten Weg gehen.

Ratschlag

Bei aller Liebe – Sie werden Ihren Partner nicht verändern oder zu mehr bewegen können, denn er fühlt sich so, wie er ist, ganz wohl und sieht daher keine Veranlassung, aus dem Schneckenhaus herauszukommen und plötzlich einen Rock'n' Roll auf den Tisch zu legen. Ihr Liebster oder Ihre Liebste bleibt eher phlegmatisch. Steuern Sie deshalb einen Kompromiss an, und ziehen Sie Ihren Partner auf Ihre Seite, sodass er wenigstens hin und wieder auf Ihre Bedürfnisse eingeht. Fragen Sie ihn im Gegenzug, was Sie für ihn tun können. Dazwischen dürfen Sie sich Ruhepausen gönnen, in denen jeder tut und lässt, was ihm beliebt. Halten Sie Ausschau nach Aktivitäten oder Interessen, an denen Sie beide Spaß haben.

Modeguide

Cord, Samt oder Leder – wählen Sie heute ganz nach Ihren Wünschen aus. Farblich sind heute Naturtöne angesagt, zum Beispiel Beige, Ocker, Hell- oder Dunkelbraun. Noch ein Tipp für die Dame: Tragen Sie wenig Goldschmuck und die Haare offen.

Der Turm

Schlagwort: Trennung oder Rückzug

Persönliches Merkmal: schlanke Statur

Partner-Schnell-Vergleich

Ich: Eine Trennung bzw. Scheidung steht bevor.
Er/sie: Für sie oder ihn steht keine Partnerschaft an.

Wie wird das Treffen?

Ich: Nüchtern schaut es aus und sehr sachlich. Themen wie »Wirtschaft«, »Politik« und »Kultur« stehen im Vordergrund. Sind Sie sattelfest auf diesen Gebieten, dann kann es amüsant werden. Interessieren Sie die Tagesthemen jedoch weniger, dann wird es entweder peinlich, oder aber Sie wenden das Gespräch, um mit Ihren Lieblingsthemen zu glänzen.

Er/sie: Stocksteif, distanziert und arrogant erscheint diese

Person. Sie scheint kein Feuer zu fangen, und Sie müssen sich arg bemühen, wenn Sie hier punkten wollen. Ihr Gegenüber ist unentschlossen und eigentlich ganz gern Single, vermutlich auch nicht sehr bindungsfähig. Aber er oder sie hat die Hoffnung noch nicht ganz aufgegeben, ist allerdings auf der Suche nach dem absoluten Nonplusultra.

Ist-Zustand der Partnerschaft

Ich: Sie leben in dieser Partnerschaft in Ihrer eigenen Welt und erledigen in Sachen Beziehung nur noch das Notwendigste. Sie haben das Gefühl, dass Ihr Partner egoistisch seine Pläne durchsetzt – und das auf Ihre Kosten. Sie müssen in allen Bereichen zurückstecken und funktionieren nur noch. Ihr Partner kritisiert Sie andauernd. Mit einem lieben Wort oder einer zärtlichen Umarmung rechnen Sie schon gar nicht mehr. Sie haben versucht, die Beziehung konstruktiv zu verändern, aber langsam geht Ihnen die Puste aus.

Partner: Intolerant und ungerecht ist dieser Mensch, dreht Ihnen die Worte im Mund herum und schiebt Ihnen gern die Schuld für die dadurch aufkommende Missstimmung in die Schuhe. Er verhält sich wenig diplomatisch, neigt zum Pessimismus oder versucht sein Umfeld zu manipulieren, indem er leere Versprechungen macht. Dies gelingt ihm als Meister der Rhetorik recht gut. An der Partnerschaft hält er hauptsächlich des gesellschaftlichen Ansehens wegen fest.

Was bringt die Zukunft?

Singles: Auch wenn es hier nicht zu empfehlen ist, eine Partnerschaft oder auch nur intensiveren Kontakt anzustreben, können Sie nicht die Finger von dieser Person lassen. Denn Sie glauben, diese Eroberung könnte sich als Partner fürs Leben erweisen. Wundern Sie sich nicht, wenn diese Begegnung zäh bleibt und der Andere nicht oder nur zeitweilig auf Sie zugeht.

Paare: Wenn Sie nicht schon drinstecken, dann stehen Sie kurz davor: Eine Trennung oder Scheidung steht an. Sie haben sich das reiflich überlegt. Jahrelang haben Sie Rücksicht genommen und sich erniedrigen lassen. Aber nun ist es so weit: Ihnen ist es endlich egal, was Familie, Freunde und Verwandte denken, Sie wollen nur noch eines: Ihre Freiheit.

Ratschlag

Überführen Sie Ihren Partner, weisen Sie ihm seine verbale Ungerechtigkeit nach. Wie man das macht? Schreiben Sie alle relevanten Äußerungen mit Datum auf. Kommt die Thematik dann wieder zur Sprache, haben Sie den Nachweis, dass das vor ein paar Wochen noch ganz anders geklungen hat. Auch bietet sich diese Vorgehensweise an, wenn Sie eine Diskussion führen, bei der sich die Argumente innerhalb von fünf Minuten um 180 Grad drehen. Notieren Sie hierbei gleich den Eingangssatz und halten Sie ihn Ihrem Partner direkt unter die Nase. Sie dürfen gespannt sein, wie lange er diese Art der unfairen und destruktiven Gesprächsführung noch aufrechterhalten wird. In Zukunft wird er es sich sehr genau überlegen, was er Ihnen gegenüber äußert.

Modeguide

Die Grundfarbe sollte Anthrazit, Grau oder Schwarz sein. Heute ist klassisch angesagt: Anzug oder Kostüm und dezent.

Der Park

Schlagwort: Geselligkeit, Zweisamkeit

Persönliches Merkmal: selbstständige oder freiberufliche Tätigkeit

Partner-Schnell-Vergleich

Ich: Wenn Sie die Karte Der Park gezogen haben, dürfen Sie sich auf eine neue und spannende Partnerschaft freuen.

Er/sie: Für sie oder ihn wird sich in der Liebe nichts Konkretes ergeben – auch nicht in Bezug auf Sie.

Wie wird das Treffen?

Ich: Das Essen wird großartig, die Atmosphäre gepflegt, die Gespräche erfrischend und der Wein verlockend – so wie die Person, die Sie treffen werden. Allerdings wird diese eher unverbindlich bleiben. Nichtsdestotrotz genießen Sie das

Treffen, und Sie würden diesen Menschen gerne bald wiedersehen.

Er/sie: Diese Person ist sehr oberflächlich und wird sich nicht wirklich auf Sie einlassen. Sie finden das spannend, denn man offenbart sich Ihnen nicht gleich. Dieser Mensch erscheint interessant und weltgewandt; Sie würden gern mehr über ihn in Erfahrung bringen. Enttäuschend ist deshalb das Desinteresse, das Ihnen im Gegenzug entgegengebracht wird. Bei diesem Mann/dieser Frau funkt es einfach nicht!

Ist-Zustand der Partnerschaft

Ich: Sie genießen gesellschaftliche Annehmlichkeiten in Form von Empfängen, Partys und gehobenen Events. Gern zeigen Sie sich an der Seite Ihres Partners und glänzen in seinem Schein. In der Zwischenzeit sind Sie damit beschäftigt, sich fit und schön zu halten. Wellness und Sport stehen dabei ganz oben auf der Liste. Darüber hinaus folgen Sie aufmerksam den aktuellen Nachrichten, um beim Smalltalk gut informiert zu sein. In Ihrer Partnerschaft sieht es insgesamt eher oberflächlich aus – zwar gut und solide, aber die geistige Tiefe fehlt.

Partner: Ihr Partner schmückt und präsentiert sich gern mit Ihnen; es gibt keinen Anlass, zu dem er Sie nicht mitnehmen würde. Die gemütliche Zweisamkeit fehlt allerdings. Lieber lädt man Freunde zum gemeinsamen Kochen ein, als einfach mal zu zweit auf dem Sofa herumzugammeln und über Gott und die Welt zu plaudern. Dieser Teil einer intakten Beziehung fehlt. Ihrem Partner fällt es schwer, einfach nur mit Ihnen zusammen zu sein. Das liegt daran, dass er unangenehme Themen oder gar Problemgespräche meiden möchte.

Was bringt die Zukunft?

Singles: Es kann, aber es muss nicht zu einem Techtelmechtel oder einer Beziehung kommen. Es liegt an Ihnen, ob Sie aus Schmetterlingen Flugzeuge werden lassen. Das heißt, dass Sie sich sehr um die Gunst des Anderen bemühen müssen, indem Sie charmant sind, Komplimente machen und intensiv um ihn oder sie werben. Möglicherweise lässt der Andere sich dann herab, Ihre Bemühungen zu belohnen. Garantieren kann Ihnen das aber niemand. Solle es überhaupt klappen, dann wird es auf jeden Fall nicht leicht, diese Person zu erobern.

Paare: Im Moment scheint alles in bester Ordnung, aber irgendwann werden Sie Ihre Beziehung infrage stellen. Denn Sie lassen die Chance verstreichen, sich um andere Lebensinhalte zu kümmern. Der Glamour, der Sie umgibt, befriedigt Sie früher oder später nicht mehr, und Sie erkennen, dass Ihr Bekanntenkreis versnobt ist und dass jeder nur seine persönliche Show abzieht. Sie oder Ihr Partner werden die Frage nach dem Sinn des Lebens stellen und dabei erkennen, wie sinnlos reines Amüsement letztlich ist.

Ratschlag

Sie können diese partnerschaftliche Krise meistern, indem Sie sich Ihrer grundsätzlichen Lage bewusst werden: Denn Sie haben es gut getroffen, sind vielleicht nur ein wenig verwöhnt. Rufen Sie sich all die Gemeinsamkeiten, die Sie mit Ihrem Partner verbinden, und all die Vorteile, die Sie durch ihn genießen, ins Gedächtnis. Schrauben Sie Ihre Ansprüche in Sachen Liebesbeweise und materielle Werte zurück, und sehen Sie in Ihrem Partner einen Menschen, der Ihnen ein echter Freund ist. Nur das zählt. Insgesamt geben Sie ein schönes Paar ab und sind beide klug genug, die Herausforderungen einer Beziehung zu meistern. Jeder von uns durchlebt nun einmal Höhen und Tiefen, doch diese dienen letztlich immer der persönlichen Weiterentwicklung.

Modeguide

Die gehobene Markengarderobe, kombiniert mit edlen Accessoires, ist für diese Gelegenheit ein absolutes Muss: der Herr im flotten, eventuell maßgeschneiderten Anzug, die Dame im klassischen Haute-Couture-Ensemble. Reicht das Portemonnaie nicht für solche Extravaganzen, tut es natürlich auch eine gute Kopie.

Der Berg

Schlagwort: Blockade, Hindernis

Persönliches Merkmal: vollschlank bis übergewichtig

Partner-Schnell-Vergleich

Ich: Eine Blockade im Liebesleben erwartet Sie, vielleicht sogar das Aus der Beziehung.

Er/sie: Dieser Mensch erweist sich als nicht bindungsfähig.

Wie wird das Treffen?

Ich: Früher oder später in dieser Begegnung werden Sie Zeuge von Frust und depressiven Anwandlungen, denn diese Person braucht einen Zuhörer und Beipflichter; sie suhlt sich gern in der Opferrolle. Sie sind dabei das Publikum – viel Spaß!

Er/sie: Das Treffen beginnt harmlos, man überlässt Ihnen zunächst die Gesprächsführung. Aber ab einem bestimmten

Punkt ist Ihre Begleitung dran. Sie breitet ihr Leben vor Ihnen aus und kommt dabei vom Hundertsten ins Tausendste. Endlich, wenn sie mit ihren Erzählungen fertig ist, wird sie Ihnen gegenüber gefühlvoller und glaubt, Sie seien nun reif, gepflückt zu werden. Ihr Gegenüber kommt in Flirtlaune.

Ist-Zustand der Partnerschaft

Ich: Schon seit längerer Zeit wünschen Sie sich ein geordnetes Leben, das in ruhigen Bahnen verläuft. Sie vermissen die Mithilfe und das Mitdenken Ihres Partners in Bezug auf Haushalt und Gartenpflege und können sich auch wenig mit seiner gleichgültigen Lebenseinstellung identifizieren. Schon oft haben Sie versucht, diese Problematiken anzusprechen, doch Sie trafen immer wieder auf Sturheit und Uneinsichtigkeit. Jetzt ist die Zeit reif, um drastische Veränderungen einzuleiten – notfalls auch allein. Sie haben Power, blicken optimistisch in die Zukunft und erwarten vom Leben einfach mehr. Und das gedenken Sie sich jetzt auch zu nehmen.

Partner: Dieser Chaot bzw. diese Chaotin organisiert den Haushalt und das Leben eher lausig. Leider bemerkt diese Person jedoch nicht, dass sie das angerichtete Chaos nicht beherrscht. Nach dem Motto »Morgen ist auch noch ein Tag« lässt sie die Dinge locker schleifen. Dafür liebt sie Sie, tut sich aber schwer, von sich aus auf Sie zuzugehen. Ihr Partner ist liebenswert, aber träge und nicht bereit, Dinge in Angriff zu nehmen.

Was bringt die Zukunft?

Singles: Hier geht nichts – oder höchstens ein kurzes Techtelmechtel. Es gibt Zeiten, da mag man nicht allein sein und nimmt, was sich einem bietet. Vielleicht denken Sie ja auch, dass es immer nur an Ihnen liege und Sie sich jetzt einfach am Riemen reißen und sich verändern müssten, damit es auch mal zu einer längerfristigen Begegnung kommt. Doch besser wäre es, sich weiterhin treu zu bleiben. Dann werden Sie den richtigen Partner mit Sicherheit finden und können Ihre aktuelle Bekanntschaft getrost ziehen lassen.

Paare: Ihnen steht ein Neuanfang bevor: Sie werden wie Phönix aus der Asche erstehen. Ihr Partner hingegen bleibt im eigenen seelischen Schlamassel hängen. Sie können ihm nicht helfen, aber Sie sind reif für einen neuen Abschnitt eines wunderbaren Lebens.

Ratschlag

Ihr Partner hat Sie schon oft verletzt – ein Zeichen von mangelndem Selbstbewusstsein und fehlender Selbstsicherheit. Versuchen Sie ihm diese Tatsache diplomatisch näher zu bringen. Wählen Sie einen neutralen Moment, in dem er in guter Stimmung ist, und versuchen Sie ihm sein Verhalten offen zu legen, ohne ihn anzugreifen. Regen Sie Ihren Partner zu konstruktiver Selbstreflexion an!

Modeguide

Legere Adventure-Kleidung im Bergsteiger-Look ist angesagt. Denn es kann sein, dass dieses Treffen draußen in der Natur stattfindet und Sie deshalb ein robustes, aber modisches Outfit benötigen.

Die Wege

Schlagwort: Entschlusskraft oder eigene Wege gehen

Persönliches Merkmal: etwa im gleichen Alter wie die Rat suchende Person

Partner-Schnell-Vergleich

Ich: Sie müssen sich in der Liebe entscheiden.

Er/sie: Er oder sie trifft eine Entscheidung zu Ihren Gunsten.

Wie wird das Treffen?

Ich: Welch schöne Zeiten! Sie haben die Wahl zwischen zwei überaus attraktiven und gleichermaßen interessanten Männern oder Frauen. Erst war lange nichts, und nun kommt das Glück im Doppelpack. Dieses Treffen übertrifft Ihre Erwartungen bei weitem.

Er/sie: Mit schlechtem Gewissen schleicht diese Person zum vereinbarten Date, hat er doch noch eine weitere Bewerberin oder, wenn es sich um eine Dame handelt, noch einen weiteren Bewerber in petto. Aber Sie sind offenbar so interessant, dass dieser Mensch Sie unbedingt kennen lernen will. Zeigen Sie sich von Ihrer besten Seite, denn es könnte sich lohnen – sofern Sie aufgrund des Wissens um die Konkurrenz nicht die Eifersucht packt.

Ist-Zustand der Partnerschaft

Ich: Bisher war die Beziehung solide, jedoch ohne große Höhepunkte. Ein Küsschen beim Abschied oder beim Heimkommen gehört zum Pflichtprogramm – schon lange steckt dahinter keine Leidenschaft mehr. Aufmerksamkeiten wie kleinere Geschenke oder Komplimente gibt es höchstens zum Geburtstag oder nach einem gelungenen Essen. Trennen wollen Sie sich dennoch nicht, denn auch ein neuer Partner würde aus Ihrer Sicht früher oder später zum Pantoffelhelden. Sie möchten an dieser Beziehung arbeiten und daran wachsen.

Partner: Man hatte die Wahl zwischen dem Vertrauten oder einem Rausch der Leidenschaft. In einer schwachen Minute ist Ihrem Partner ein Ausrutscher passiert. Nun ist er voller Reue und möchte alles am liebsten ungeschehen machen. Wie soll er Ihnen erklären, dass er da irgendwie hineingeschlittert ist? Dieser Partner steht zu Ihnen und möchte mit Ihnen ganz neu anfangen.

Was bringt die Zukunft?

Singles: Hop oder top? Sie sind hin und her gerissen. Sie und Ihre neue Bekanntschaft sind sehr voneinander angetan. Spannung einerseits und scheinbare Gleichgültigkeit andererseits sorgen jedoch für Verwirrung. Eine weitere Begegnung ist unbedingt angesagt. Da ist mehr drin, wenn Sie nicht allzu ungeduldig und stürmisch sind und mit Gewalt eine feste Bindung wollen.

Paare: Neue Wege müssen beschritten werden, wenn diese Partnerschaft fortgesetzt werden soll. Es braucht frischen Wind, damit die Beziehung wieder lebendig wird. Neue Eindrücke und Anregung von außen sind nötig, zum Beispiel durch einen Ortswechsel in eine größere Stadt oder gar ins Ausland. Lange haben Sie sich von Dokumentationen und Reiseberichten inspirieren lassen und Ihren Partner dabei mitreißen können. Sie wissen instinktiv, dass ein gemeinsamer Neuanfang in einer neuen Umgebung möglich ist.

Ratschlag

Wenn Sie in der Position des Betrügers stecken oder kürzlich gesteckt haben, so wäre es fair, wenn Sie als Fremdgeher oder Seitenspringer Ihrem festen Partner einen Neuanfang gewähren, um wieder eine echte und ehrliche Partnerschaft führen zu können. Ziehen Sie zum Beispiel weg aus dem Ort des Geschehens. Denn so hat der Betrogene die Chance, das Fegefeuer, durch welches er gehen musste, hinter sich zu lassen. Und ist die Liebe groß genug, dann bringen Sie dieses Opfer gern. Stecken Sie hingegen in der Haut des Betrogenen, so unterbreiten Sie Ihrem Partner diesen Vorschlag. Windet er sich dann in Ausreden, sollten Sie die Konsequenzen ziehen.

Modeguide

Praktische Kleidung ist heute zu empfehlen, denn Sie werden wohl einen Spaziergang unternehmen. Vielleicht geht es in den Wald, zum Picknick oder auf eine urige Hütte. Mit Turnschuhen und Trekkinghose, T-Shirt und atmungsaktiver Jacke liegen Sie goldrichtig.

Die Mäuse

Schlagwort: Verlust

Persönliches Merkmal: natürliche oder rasierte Glatze oder Geheimratsecken

Partner-Schnell-Vergleich

Ich: Es ist keine gute Zeit für die Partnerschaft, denn diese Karte bedeutet einen Verlust oder jedenfalls kein Happy End.

Er/sie: Für ihn oder sie ist es nicht an der Zeit, eine Partnerschaft einzugehen.

Wie wird das Treffen?

Ich: Wenn es zu einem Treffen kommen sollte, weil Sie nicht abgesagt haben, dann wird es wohl ein Flop werden. Wenn Sie sich nicht sofort wieder trennen, sondern es ein wenig miteinander aushalten, dürfte sich die Sache aufgrund von Missverständnissen oder Antipathie schnell von selbst für Sie erledigt haben.

Er/sie: Hoffentlich verlieben Sie sich nicht in diese Person, denn Ihre Begleitung hegt umgekehrt nicht die gleichen Gefühle für Sie. Das werden Sie schnell merken. Mehr der Worte bedarf es nicht, denn Gefühle kann man nicht erzwingen.

Ist-Zustand der Partnerschaft

Ich: Sie haben schlichtweg keine Lust mehr, und nichts und niemand könnte Sie dazu bewegen, noch weiter an dieser Partnerschaft festzuhalten. Ihr Partner hat sich zum Nachteil verändert, vernachlässigt sich und Sie, lässt sich gehen, trinkt gern, macht generell einen ungepflegten Eindruck und hat mehr Pech als Glück bei der Arbeit. Das liegt aber nicht am mangelnden Können, sondern an fehlendem Bemühen. So wird nur noch herumgegammelt, man ist ohne Ziel, und die Liebe ist schon lange verflogen.

Partner: Ihr Partner hat die Perspektive verloren. Dass sich der Erfolg nicht einstellt, liegt aus seiner Sicht immer an den Anderen. Die Welt erscheint ihm gemein und ungerecht. Tatsächlich aber ist er für sein Schicksal selbst verantwortlich, bewegt sich im falschen Umfeld und lässt sich von Miesepetern beeinflussen. Und Sie müssen diese Unzufriedenheit ausbaden. Ändern können Sie jedoch nichts, weil Ihr Partner zwar nörgeln kann, aber zu wirklichen Veränderungen nicht bereit ist. Kein guter Zustand.

Was bringt die Zukunft?

Singles: Dies wird – wenn überhaupt – eher ein kurzes Intermezzo, bei dem Sie die treibende Kraft sind. Das Objekt Ihres Begehrens wird sich nämlich kaum in Ihre Richtung bewegen. Ein One-Night-Stand ist eventuell schon das höchste der Gefühle. Jammern Sie dann aber hinterher nicht und sagen, Sie wären nicht gewarnt worden!

Paare: Rien ne va plus! Diese Partnerschaft ist durch nichts mehr zu kitten. Wenn Sie auch noch emotional erpresst werden, weil Sie Ihren Partner angeblich im schlimmsten Schlamassel im Stich lassen, und er eventuell sogar mit Selbstmord droht, dann empfehle ich den heimlichen und sofortigen Ausstieg. Wenn er oder sie nicht weiß, wo Sie stecken, dann nützt weder die Drohung noch die Umsetzung etwas, denn eigentlich will diese Person Sie damit nur an sich fesseln.

Ratschlag

Hören Sie auf, sich verantwortlich zu fühlen, und haben Sie ab sofort kein schlechtes Gewissen mehr! Lassen Sie los. Loslassen muss man nicht nur, wenn man Liebeskummer hat und verlassen wurde, sondern manchmal auch, wenn man ein zu großes Verantwortungsgefühl in sich spürt. Ist Ihnen das nicht möglich, dann empfehle ich Ihnen professionelle Hilfe, jemanden, der Ihnen den Spiegel vor Augen hält und Ihnen gleichzeitig Mut macht, den Mut zum Egoismus, der durchaus erlaubt und nötig ist, wenn einem die Situation an die Substanz geht und nur noch als belastend empfunden wird.

Modeguide

Dem Herrn empfehle ich Jeans, flotte Lederschuhe und kariertes Hemd, der Dame einen schwarzen halblangen Rock, Stiefel und Bluse oder Top. Der Stil sollte modisch, aber zurückhaltend sein. Frisieren Sie die Haare eventuell klassisch nach hinten, denn heute geht es auf eine mittelgroße Feier.

Das Herz

Schlagwort: (neue) Liebe

Persönliches Merkmal: Romantik

Partner-Schnell-Vergleich

Ich: Sie verlieben sich in Kürze.

Er/sie: Er oder sie verliebt sich in Sie.

Wie wird das Treffen?

Ich: Es wird mehr als herzlich sein, dieses Rendezvous. Sie wissen nicht so recht, wie Sie sich geben sollen, sind verlegen und erröten hier und da, denn Sie treffen hier wohl auf mehr als eine Liebelei. Glückwunsch! Solche Treffen haben Seltenheitswert.

Er/sie: Auch wenn es bei Ihnen nicht so sein sollte, Ihr Gegenüber wird ein Auge auf Sie werfen und sehr charmant und höflich sein. Ganz alte Schule werden Sie als Dame eingeladen. Oder wenn Sie eine Dame treffen, wird diese mit gekonntem Augenaufschlag ihr Interesse bekunden. Unauffällig und unaufdringlich wird der Körperkontakt gesucht. Vielleicht streicht Ihnen Ihre Begleitung wie zufällig über Hand oder Schulter. Da schlägt das Herz höher.

Ist-Zustand der Partnerschaft

Ich: Ihre Liebe blüht noch wie am ersten Tag. Sie mögen ohne den anderen nicht sein, vermissen ihn oder sie und haben Sehnsucht. Viele Dinge unternehmen Sie mit Ihrem Partner gemeinsam; trotzdem gehen Sie gern auch mal allein mit Freunden auf Tour. Sie klammern nicht und lassen in der Beziehung genügend Raum für Entwicklung und persönliche Reife. Sie empfinden Ihre Partnerschaft als fruchtbar und kraftvoll. Gleichzeitig können Sie durchaus auch mal bockig sein, wodurch Sie die nötige Spannung ins Spiel bringen.

Partner: Ihr Partner liebt Sie und trägt Sie auf Händen. Manchmal ist er eifersüchtig, doch das wirkt eher charmant als einengend. Fürsorglich und beschützend hüllt er Sie mit seiner Liebe ein. Er ist glücklich mit Ihnen – etwas Besseres kann er sich gar nicht vorstellen.

Was bringt die Zukunft?

Singles: Sie kommen sich schnell näher, werden sich leicht einig, ziehen bald zusammen und werden innerhalb kurzer Zeit heiraten. Und das ist kein Scherz! Man kann behaupten, dass Sie Ihre große Liebe gefunden haben. Natürlich ruft das auch Neider auf den Plan und Personen, die das große Glück testen wollen. Denn so etwas erlebt man nun einmal selten. Aber Sie beide kann nichts auseinander bringen, denn Sie vertrauen sich gegenseitig und stehen klar und fest zueinander.

Paare: Sie sind schon in den Hafen der Ehe eingelaufen oder stehen kurz davor. Der Nachwuchs ist auch schon in Planung, oder aber Sie beabsichtigen, weiterhin zusammenzuarbeiten. Ihre Liebe ist stark und unerschütterlich, Sie haben Respekt vor Ihrem Partner, necken ihn liebevoll; seine Schwachstellen finden Sie einfach »drollig«. Bei Ihnen mussten Loyalität und Treue nicht erst wachsen, sie waren von Anfang an da.

Ratschlag

Was gibt es hier noch zu tricksen? Halten Sie die Partnerschaft frisch, indem Sie Ihren eigenen Kopf behalten und Unternehmungen auch mal allein starten. Natürlich dürfen und sollen Sie Ihrem Partner das gleiche Recht zugestehen und es ihm gönnen, sich mit Freunden zu amüsieren und in bestimmten Bereichen auch sein eigenes, unabhängiges Leben zu leben. So schläft die Beziehung nicht ein, sondern bleibt dauerhaft lebendig.

Modeguide

Ist ein Kostümball angesagt oder eine Mottoparty? Erkundigen Sie sich noch einmal genau. Mein Tipp: Verkleiden Sie sich nach Herzenslust und lassen Sie dabei Ihre ganze Kreativität einfließen – aber bitte mit Stil!

Der Ring

Schlagwort: Bindungsfähigkeit, Bindungswille

Persönliches Merkmal: Brille, Lesebrille, Kontaktlinsen

Partner-Schnell-Vergleich

Ich: Mit dem Ring gehen Sie direkt eine Beziehung ein.
Er/sie: Er oder sie ist bindungswillig.

Wie wird das Treffen?

Ich: Harmonisch und romantisch wird sich dieses Treffen für Sie gestalten. Ihre Sympathie für Ihre Begleitung können Sie nicht verbergen, und Sie hoffen auf mehr. Ihre Traummann- oder Traumfrau-Checkliste können Sie Punkt für Punkt abhaken. Dieser Mensch entspricht Ihren Vorstellungen in Sachen Bildung, Umgangsformen und Kleidung. Und das beflügelt Sie, mit dem Flirten zu beginnen.

Er/sie: Dieser Mensch ist schon lange und geduldig auf der Suche nach dem passenden Pendant. Auf halbe Sachen lässt er sich gar nicht erst ein, aus dem sicheren Wissen heraus, dass ein fauler Kompromiss sowieso zu nichts führt. Wenn er Feuer fängt, dann meint er es andererseits wirklich ernst. Und jetzt ist es so weit: Ihre Begleitung erkennt die Frau/den Mann fürs Leben in Ihnen.

Ist-Zustand der Partnerschaft

Ich: »Bis dass der Tod uns scheidet.« So sagt es schon der Pfarrer während der Vermählung in der Kirche. Und genauso werden Sie es auch handhaben. Sie und Ihr Partner haben gemeinsam schon viel erreicht, Ihre Lebensvorstellungen passen gut zusammen. Ihre Harmonie ist echt und wird daher auch glaubhaft nach außen transportiert. Sie sind stolz auf Ihre Partnerschaft. Einzig das etwas eingefahrene Muster der täglichen Rituale würden Sie gern etwas auflockern und auch mal etwas Neues ausprobieren. Und sei es nur, einfach mal eine Pizza zu bestellen, die Sie dann mit viel Gekrümel im Bett verspeisen.

Partner: Sie führen eine eher traditionelle Partnerschaft, das sagt uns Der Ring. Wahrscheinlich wird Ihr Partner am Morgen, wenn er zur Arbeit geht, liebevoll von Ihnen verabschiedet und am Abend mit einem leckeren Mahl begrüßt. Sind Sie ein Mann, dann freuen Sie sich auf die Wiederkehr in das gepflegte Heim und zu Ihrer gut aufgelegten Gattin. Auch im sexuellen Bereich dürfte Ihr Partner oder Ihre Partnerin mit Ihnen Erfüllung finden. Da sind wirklich Liebe und Respekt im Spiel. Alles läuft rund!

Was bringt die Zukunft?

Singles: Eine ausgedehnte Kennenlernphase setzt jetzt ein. Sie gehen ins Theater und ins Kino, speisen in guten Restaurants, unternehmen kleinere und größere Reisen, stellen sich gegenseitig den Eltern vor. Dabei geht es recht traditionell zu; so werden Sie sich beispielsweise vor der Eheschließung verloben. Denn genau so hat man es sich immer vorgestellt, und genau so wird es auch umgesetzt. Sie beide schweben im siebten Himmel.

Paare: Insgesamt sind Sie damit zufrieden, wie es läuft. Große Veränderungen werden nicht angestrebt, höchstens kleinere Aktionen wie zum Beispiel die Verschönerung der Wohnung. Sie gönnen sich den wohlverdienten Luxus, den Sie sich erarbeitet haben, führen jeder auch sein eigenes Leben. Die Beziehung ist stabil, und Sie können sich auch an kleinen Dingen und Events erfreuen wie etwa der Grill-Party in der Nachbarschaft oder einem gemeinsamen Spaziergang am Wasser.

Ratschlag

Sie überlassen nichts dem Zufall und planen alle Unternehmungen von langer Hand. Ein wenig mehr Spontaneität und Unordnung würde Ihnen gut zu Gesicht stehen. Lassen Sie auch mal fünf gerade sein; seien Sie nicht immer so korrekt. Der Abwasch kann ruhig mal stehen bleiben; richten Sie stattdessen lieber eine Fressorgie im Bett an. Sie dürfen gern auch etwas weniger pünktlich sein. Und der Jeans steht die durchgewetzte Stelle am Knie ganz hervorragend.

Modeguide

Der klassische Look findet auch bei dieser Gelegenheit Gefallen. Für den Mann empfehlen sich Anzug mit Hemd und Krawatte in möglichst schlichtem Design und dezenten, eher dunklen Farben. Falls es in den Zeitplan passt, gehen Sie doch vor dem Treffen noch zum Friseur, und lassen Sie sich die Haare und – falls vorhanden – den Bart trimmen. Für die Dame wären ein Rock oder eine Hose mit Bluse oder Top und Blazer die richtige Garderobe. Dezenter Schmuck und ein nicht zu aufdringlicher Duft runden das Bild ab.

Das Buch

Schlagwort: Verschlossenheit oder Heimlichkeit

Persönliches Merkmal: Akademiker oder in Aus- bzw. Fortbildung

Partner-Schnell-Vergleich

Ich: Sie dürften auf eine eher verschlossene Person treffen.
Er/sie: Er oder sie hat etwas zu verheimlichen.

Wie wird das Treffen?

Ich: Nicht zu sagen, was man denkt, macht den anderen unsicher, aber man bleibt interessant. Geben Sie sich geheimnisvoll, und plaudern Sie nicht gleich aus dem Nähkästchen. Entlocken Sie lieber Ihrem Gegenüber, welche Leichen er im Keller hat. Natürlich wird Ihre Begleitung auch bei Ihnen nachbohren, sodass es spannend werden könnte. Ob es hier wohl knistert?

Er/sie: Hier taktiert jemand ganz bewusst, indem er nicht aus sich herauskommt und um alles ein Geheimnis macht. Kaum etwas wird über Vergangenheit oder Zukunft preisgegeben; man plaudert lieber über Nebensächlichkeiten. Diese Person weiß um ihre Ausstrahlung und Attraktivität, und darauf setzt sie. Sie geht also schlichtweg davon aus, dass Sie sich verstärkt um sie bemühen werden. Das ist sie gewohnt. Aber hat sie damit auch bei Ihnen Erfolg?

Ist-Zustand der Partnerschaft

Ich: Sie träumen von einer neuen Partnerschaft, und diese Träume erhalten Sie emotional am Leben, denn die Beziehung, die Sie jetzt führen, ist zwar okay, aber nicht mehr das, was Sie sich einmal erhofft haben. So taucht in Ihren Gedanken immer wieder der Prinz oder die Prinzessin auf, der/die Sie aus Ihrem jetzigen Leben errettet. Insgeheim wissen Sie, dass der Wunsch nach dem Ideal nicht viel mit der Realität zu tun hat, verdrängen dies jedoch. So sind Sie nicht bereit, an der Beziehung zu arbeiten und geben Ihrem Partner die Schuld. Auf diese Weise verhindern Sie eine positive Entwicklung.

Partner: Eine geheime Liebschaft wäre bei dieser Person denkbar, denn es geht hier eindeutig darum, etwas zu vertuschen. Wahrscheinlicher ist es jedoch, dass diese Person Geheimnisse »virtueller« Art hat. Vielleicht chattet Ihr Partner im Internet in einer Single-Börse, um sich ein wenig Kribbeln im Bauch und romantische Gedanken im Kopf zu verschaffen. Oder er lädt sich »Erwachsenen-Inhalte« herunter, um sich so den Kick zu holen, den er in der Partnerschaft nicht findet. Hier bleiben viele Dinge unausgesprochen, man bleibt unbefriedigt.

Was bringt die Zukunft?

Singles: Es könnte spannend werden – sofern Sie diese Nuss knacken. Das gelingt aber nur, wenn Sie nicht die Marionette, sondern der Puppenspieler sind. Lassen Sie den anderen kommen, agieren Sie sparsam, mit Bedacht und nicht vorhersehbar. Dann dürfte der Herzensmann/die Herzensdame leichte Beute sein.

Paare: Die Frau sehnt sich nach Romantik, der Mann will Sex, und so weit liegen diese beiden Bedürfnisse gar nicht auseinander. Man muss nur über seine Wünsche reden und einen guten Kompromiss finden. Trauen Sie sich, und legen Sie Ihre Scheu ab! Die Stunden der Leidenschaft können ja durchaus mit einer guten Portion Romantik eingeläutet werden. Schaffen Sie eine neue Basis, die aus Vertrauen besteht, dann stehen die Chancen gut, dass die Partnerschaft hält.

Ratschlag

Ihr Partner ist nur Ihr eigenes Spiegelbild. Was Sie denken, hat er schon längst umgesetzt. Die Energien zweier sich sehr nahe stehender Personen sind immer gleich ausgerichtet, und Sie können deshalb stets von sich auf Ihren Partner schließen. Überprüfen Sie also sich selbst und was in Ihnen vorgeht, dann wissen Sie auch, was Ihr Partner denkt und tut. Verwechseln Sie dabei aber Wunschvorstellungen nicht mit realen Gedanken.

Modeguide

Lockere Freizeitkleidung ist zu diesem Anlass angebracht. Sie sollen sich schließlich wohl fühlen. Tragen Sie also Ihren Lieblingspulli und Jeansjacke, dazu pfiffige Baumwollhosen und Turnschuhe. Oder – wenn es das Wetter zulässt – gehen Sie ganz salopp in Shorts, modischen Sandalen und coolem Shirt. Eine Baseballmütze unterstreicht Ihr keckes Auftreten.

Der Brief

Schlagwort: Oberflächlichkeit, wenig Gefühle

Persönliches Merkmal: Kurzhaarschnitt

Partner-Schnell-Vergleich

Ich: Tiefere Gefühle werden Sie für diese Person nicht entwickeln.

Er/sie: Dieser Mensch ist zwar beredt, geht aber nicht in die Tiefe. Das vermissen Sie.

Wie wird das Treffen?

Ich: Diese Person interessiert Sie nicht wirklich. Das Treffen plätschert so dahin; die Gespräche sind nicht eben tief greifend. Es kommt nicht das rüber, was Sie sich erhofft und vorgestellt haben, deshalb signalisieren Sie Kühle und gehen auf Abstand. Nicht, dass diese Person nicht nett wäre, sie hat nur ein anderes Bildungsniveau und andere Interessen, die mit Ihren nicht harmonieren.

Er/sie: Diese Person ist sehr mitteilsam und erzählt viel von den Erlebnissen bei Konzerten, Theaterpremieren und wichtigen Kontakten mit berühmten Persönlichkeiten. Das macht zwar Spaß und kann durchaus bereichern, aber persönlich wird dieser Mensch nicht. Er ist an einer Partnerschaft nicht wirklich interessiert, sondern gleicht einem Schmetterling, der von Blume zu Blume flattert, um seinen Bekanntenkreis auszubauen. Diese Person ist (zurzeit noch) beziehungsunfähig. Allerdings ist sie durchaus bereit, sich wieder mit Ihnen zu verabreden – auf rein freundschaftlicher Ebene.

Ist-Zustand der Partnerschaft

Ich: In dieser Beziehung vermissen Sie das wahre Interesse Ihres Partners für das, was Sie bewegt. Unsensibel geht er über Ihre Bedürfnisse hinweg, registriert sie nicht einmal. Das macht Sie traurig. Versuche, das Problem mit offenen Gesprächen zu lösen oder zumindest anzugehen, scheitern schon im Ansatz, denn dieser Partner kümmert sich lieber um die eigenen Belange und empfindet es als Zumutung, über Probleme reden zu müssen, die für ihn keine sind. So ist es schwierig, Vertrauen und echte Gemeinsamkeit zu finden.

Partner: Hoch interessiert und neugierig verfolgt diese Person, was in den Medien berichtet wird. Sie treibt Sport und erfreut den Freundeskreis mit Klamauk und Comedy. Man lenkt sich ab, sucht Unterhaltung und immer wieder Veränderung, die das Leben bereichert und nicht langweilig werden lässt. Mit Problemen in der Partnerschaft befasst man sich hingegen nicht so gern. Ihr Partner plädiert eher dafür, dass jeder sich um seinen eigenen Kram kümmert, da ja jeder für sich selbst verantwortlich ist. Auf »überflüssige« Diskussionen will sich diese Person partout nicht einlassen.

Was bringt die Zukunft?

Singles: Ist es Schüchternheit, oder ist diese Person einfach nicht geübt im Flirten und Erobern? Wollen Sie sie näher kennen lernen, dann überraschen Sie sie mit schriftlichen Nachrichten, die gern ein wenig herausfordernd sein dürfen. Sie machen es dem eventuellen neuen Partner damit leicht, denn wenn man sich nicht gegenüber sitzt, dann sehen Sie auch nicht seine Verlegenheit. Vielleicht fasst er oder sie ja Mut beim Verfassen von Liebesbotschaften.

Paare: Als Ratsuchender machen Sie jetzt eine Veränderung durch, denn Sie merken, dass Sie bei Ihrem Partner auf Granit beißen. Wenn Ihnen an der Beziehung liegt und Sie sie aufrechterhalten wollen, dann liegt es also an Ihnen, etwas zu verändern. Damit fängt man ja bekanntermaßen am besten bei sich selbst an. Vielleicht erkennen Sie bald, dass die Probleme, die Sie so belasten, in Wirklichkeit gar nicht so groß sind, wie es zunächst schien. Eventuell dienten sie nur dazu, Aufmerksamkeit zu bekommen? Damit ist es jedenfalls in absehbarer Zeit vorbei, Sie brauchen das nicht mehr. Ihre Partnerschaft funktioniert dann wieder tadellos.

Ratschlag

Machen Sie Ihr eigenes Glück nicht von Ihrem Partner abhängig. Suchen Sie sich lieber neue, für Sie wertvolle Betätigungsfelder und beschäftigen Sie sich darüber hinaus verstärkt mit sich selbst. Warten Sie nicht darauf, dass Ihr

Mann/Ihre Frau zu Ihrer Unterhaltung beiträgt oder Sie bemuttert. Fragen Sie sich, was Ihnen allein wirklich Spaß macht, und verfolgen Sie diesen Weg. Das führt zu mehr Selbstwertgefühl und Unabhängigkeit und damit zu mehr seelischer Freiheit.

Modeguide

Gekonnt gestylter Schlabberlook ist die angemessene Kleidung für den heutigen Abend. Die Haare dürfen frisch frisiert, aber gekonnt nachlässig gekämmt oder salopp hochgedreht sein. Als Mann landen Sie mit Dreitagebart einen Treffer.

Der Herr

Schlagwort: Durchsetzungskraft

Persönliches Merkmal: große Statur: mindestens 1,80 m, eher jedoch ab 1,90 m bei einem Mann; für eine Frau ab 1,70 m

Partner-Schnell-Vergleich

Ich: Bevorzugen Sie das männliche Geschlecht, dann wartet ein echter Kerl im Sinne von »markant und verwegen« auf Sie; wenn Sie das weibliche Geschlecht bevorzugen, so haben Sie es mit einer gestandenen Frau zu tun, die eine Männerdomäne erobert hat.

Er/sie: Diese Person weiß, was Sie will, und es ist wahrscheinlich, dass Sie im Sturm erobert werden.

Wie wird das Treffen?

Ich: Die Person, die Sie treffen, wird Umgangsformen haben, wie Sie sie im Knigge nachlesen können. Galant wird Ihnen die Tür geöffnet bzw. als Kavalier der Vortritt gelassen beim Betreten des vornehmen Lokals. Männliche Galanterie und weiblicher fürsorglicher Charme bestimmen den Auftritt. Alles ist perfekt, selten wurden Sie so nobel ausgeführt und fühlten sich von einer Begegnung so angetan. Sie sind verzaubert, und gleichzeitig imponiert Ihnen diese Person, das Treffen gerät lang – und wird Ihnen unvergesslich bleiben.

Er/sie: Sie werden sich königlich fühlen. Diese Person weiß, wie man den Luxus zelebriert, und das ganz ohne Arroganz, sondern vielmehr so, dass Sie sich wohl fühlen und entspannen können. Zum Ambiente trägt Ihr Gegenüber die perfekt passende Kleidung und wählt die richtigen Speisen aus. Sie ist dennoch gelassen genug, Ihr Benehmen nicht an gesellschaftlichen Zwängen auszurichten. So wie sich diese Person Ihnen gegenüber verhält, zeigt sie Ihnen, dass Sie etwas ganz Besonderes sind.

Ist-Zustand der Partnerschaft

Ich: Sie dürfen sich glücklich schätzen, denn Sie haben die Rollen in der Partnerschaft auf ganz unkonventionelle und emanzipierte Weise verteilt: Als Frau kümmern Sie sich beispielsweise um Renovierungsarbeiten, als Mann stehen Sie gern in der Küche oder spielen mit den Kindern. Trotzdem sind Sie als Frau keineswegs unweiblich, als Mann vermitteln Sie Stärke und Geborgenheit. Sie nutzen intelligent die Stärken des Anderen, und so kommen Sie sich gegenseitig nicht ins Gehege. Sie gelten als tolerant und weise.

Partner: Ihr Partner ist ein Macho oder eine kokette, klassische Dame, der/die mit ausgeprägter Männlichkeit bzw. Weiblichkeit um die Gunst des anderen Geschlechts wirbt. Trotzdem ist diese Person treu – und wirklich stolz auf Sie. Sie wissen um diese Schwächen Ihres/Ihrer Liebsten und nehmen diese mit einem zwinkernden Auge in Kauf, dürfen Sie sich doch in der Gewissheit wiegen, dass Ihr Partner Sie niemals betrügen würde.

Was bringt die Zukunft?

Singles: Sie fühlen sich wie ein König oder eine Königin? Wunderbar! So soll es sein in der Kennenlernphase, an die man sich später immer wieder gern erinnern wird. Es geht in Richtung Partnerschaft – und zwar mit Pauken und Trompeten. Dabei sollten Sie, falls Sie finanziell weniger begünstigt sind, keine falsche Scham an den Tag legen, denn Geld spielt hier wirklich keine Rolle.

Paare: Der eine kann mit Geld umgehen, der andere weniger; der Mann hat die Hosen im Haushalt an, die Frau ist im Job erfolgreich. Trotzdem bügelt die Frau die Hemden und der Mann kann besser Auto fahren. In dieser Partnerschaft bringt jeder seine Stärken ein. Und Sie werden auch in Zukunft immer mehr Bereiche finden, die Sie übernehmen möchten, und andere, die Sie gern Ihrem Partner überlassen. Sie haben sich gefunden und sind durch nichts auseinander zu bringen.

Ratschlag

Wenn Sie die Stärken Ihres Partners noch nicht so gut kennen und deshalb auch nicht fördern können, dann ist jetzt die beste Zeit, sie zu erkunden. Auch wenn er eher ein bequemer Typ ist: Fragen Sie ihn, worauf er Lust hat! Vielleicht mag er oder sie gern einkaufen und den Müll raustragen und ansonsten lieber fernsehen. Nehmen Sie das so hin. Wenn der Andere einkauft, nimmt er Ihnen damit Arbeit ab; wenn er gern fernsieht, kann er Ihnen ja hinterher erzählen, was heute in den Nachrichten lief. Überlegen Sie konstruktiv, wie Sie Zeit sparen und Lust gewinnen können.

Modeguide

Falls Sie ein Mann sind, lassen Sie bitte das Hemd nicht bis zum Bauchnabel aufgeknöpft. Markantes Erscheinungsbild: ja, aber bitte mit Stil! Ansonsten empfehlen sich Jeans mit Strickpulli und dickem Schal im Herbst sowie verwaschenes T-Shirt im Sommer. Die Dame trägt derbe Stiefel zum Minirock oder Worker-Jeans mit eng tailliertem Oberteil.

Die Dame

Schlagwort: gefühlsbetont, verliebt

Persönliches Merkmal: mittelgroße Statur: von 1,65 m bis 1,79 m

Partner-Schnell-Vergleich

Ich: Sie werden sich bald in einer neuen Bindung wiederfinden.

Er/sie: Haben Sie diese Karte für einen Mann gezogen, so dürfte er Ihnen ein wenig zu weiblich erscheinen. Steht Die Dame für eine Frau, so ist diese ausgesprochen feminin.

Wie wird das Treffen?

Ich: Richtig glücklich sind Sie nicht mit diesem Date, denn als Frau treffen Sie auf einen Mann mit allzu weiblichen Attributen, als Mann begegnen Sie einer Dame, die Ihnen zu überladen scheint. Der Mann hat entweder eine etwas weichliche Mimik und Gestik oder einen wenig männlichen Körperbau; seine charakterlichen Eigenschaften oder die Wahl des Berufs sind ebenfalls nicht so kernig, wie Sie das gern hätten. Die Frau hat ihre Oberweite hochgeschnürt und ist tief dekolletiert, grell geschminkt und üppig mit Schmuck behängt – also wohl eher nicht nach Ihrem Geschmack.

Er/sie: Hier dürfen Sie sich als Frau ganz Frau fühlen, da Ihr Begleiter auf die femininen Seiten steht und diese fördert, indem er Sie umwirbt und Ihnen Komplimente macht. Hier herrscht die klassische Rollenverteilung. Wenn man das mag, kann der Abend wahrlich berauschend werden. Gleiches gilt natürlich auch umgekehrt: Als Mann werden Sie voll und ganz als solcher gesehen und geachtet. Sie verkörpern all das, was sich diese Person wünscht und erhofft. Deshalb stehen Sie auch im Mittelpunkt ihres Interesses.

Ist-Zustand der Partnerschaft

Ich: Wunderbar! In dieser Partnerschaft liest man Ihnen jeden Wunsch von den Augen ab. Das fertige Essen wird serviert und auch noch abgeräumt, Kuschel- und Streicheleinheiten sind an der Tagesordnung, wenn Sie gemeinsam faul auf dem Sofa herumliegen; am Abend gibt es wohltuende Massagen, und all das, weil man Sie liebt und Ihnen Gutes tun möchte. Trotzdem können Sie sich frei bewegen und auch mal brummelnd Ihren eigenen Geschäften nachgehen, wenn Ihnen danach ist. Ihr Partner trägt es Ihnen nicht nach.

Partner: Das mag ja am Anfang mal ganz reizvoll gewesen sein, ein Mann mit Verständnis und Sinn für Frauen – so ein Frauenversteher – oder eine Frau, die sich sexy kleidete, ihren üppigen Busen wog und die langen Fingernägel in Ihrem

Rücken vergrub. Aber das Besondere hat seinen Reiz verloren, ist alltäglich, vielleicht sogar nervig geworden, und es dürstet Sie nach Veränderung. Auch Ihr Partner hat erkannt, dass ein Richtungswechsel notwendig ist.

Was bringt die Zukunft?

Singles: Eine Bindung ist möglich – wenn Sie es wollen. Aber verschätzen Sie sich nicht, diese Begegnung kann viel schneller enden, als Sie erwarten. Die Trennung geht dabei von Ihnen aus! Wurden Sie bislang mit Bewerbern oder Bewerberinnen nicht verwöhnt, dann können Sie sich arrangieren und auf die neue Partnerschaft auch langfristig einstellen. Ein Leben lang wird sie aber nicht halten.

Paare: Geborgenheit und Fürsorge werden gegeben und empfangen. Die klassische Aussage, Liebe sei Geben und Nehmen, hat hier absolut Gültigkeit. Langweilig wird es nie, denn es gibt auch genug Anlass für Diskussionen. Dabei kann es auch mal hitzig zugehen, sodass die Fetzen fliegen. Aber Sie beide sind erwachsen genug, auch mit kontroversen Ansichten und zeitweiliger Uneinigkeit gelassen umzugehen. Schließlich streben Sie das Ideal einer guten, vielleicht sogar großen Beziehung an. So geht es insgesamt vorwärts; ein Ende dieser Liebe ist nicht abzusehen. Sie spüren das und sind bereit für »lebenslänglich«.

Ratschlag

Machen Sie nicht den Fehler, Ihre Partnerwahl allzu impulsiv zu treffen. Überprüfen Sie, was für einen Partner Sie wirklich wollen; seien Sie dabei wach und kritisch. Gelingt Ihnen das nicht, weil Sie dazu neigen, sich selbst zu belügen, so schildern Sie Ihrer besten Freundin oder Ihrem besten Freund die Person, mit der Sie liebäugeln, und rechnen Sie mit einer objektiven Antwort, die für eine klare Entscheidung sorgen sollte.

Modeguide

Und ewig lockt das Weib … Ja, und deshalb dürfen Sie sich auch das volle Programm gönnen – mit falschen Wimpern, künstlichen Fingernägeln und Haarverlängerung. Die Verpackung besteht aus Overknees, Ultra-Mini und bauchfreiem Top. Für den Herrn empfiehlt sich bei dieser Karte ein etwas anderer Stil: Lassen Sie das Hemd lässig aus der edlen Leinenhose hängen, tragen Sie leichte Schuhe, dazu eine schicke Uhr, und legen Sie ein aktuelles Eau de Toilette auf.

Die Lilie

Schlagwort: sexuelles Interesse oder Familiensinn

Persönliches Merkmal: zwischen 40 und 50 Jahre alt

Partner-Schnell-Vergleich

Ich: Die Lilie zeigt an, dass Sie eine Affäre haben oder kurz davor stehen, sich auf eine einzulassen.

Er/sie: Er oder sie geht fremd.

Wie wird das Treffen?

Ich: Sollen Sie Ihrem ersten Eindruck trauen? Treffen Sie einen Mann, so fällt sofort auf, dass er einen Tick zu attraktiv und süffisant ist. Treffen Sie eine Dame, so kommt Ihr Vampgehabe etwas zu kräftig durch. Sie fühlen sich jedoch durchaus begehrt und umworben, da man charmant mit Ihnen umzugehen weiß. Aber Vorsicht: Es könnte bei einem One-Night-Stand bleiben!

Er/sie: Reiche Beute machen – so lautet der Slogan, der Ihrer Begleitung unsichtbar auf die Stirn geschrieben steht. Übersehen Sie nicht das Kleingedruckte! Auch wenn das Geplänkel schon in vollem Gang ist. Sie sind für Schmeicheleinheiten und Komplimente sehr empfänglich und merken nicht, dass hier zu sehr geheuchelt und gespielt wird. Sie wecken körperliche Gelüste, aber echte Gefühle sind bei Ihrem Gegenüber nicht im Spiel.

Ist-Zustand der Partnerschaft

Ich: Sie haben eine Affäre mit einem gebundenen Mann oder einer liierten Frau. Sie hoffen, dass sich diese Person endlich für Sie entscheidet, denn Sie halten diesen Zustand nicht mehr länger aus. Schon lange macht man Ihnen Versprechungen, doch nichts ändert sich. Ganz im Gegenteil: Sobald Sie darauf pochen, dass endlich reiner Tisch gemacht wird, zieht sich Ihr Geliebter/Ihre Geliebte zurück. Und so warten Sie ungeduldig darauf, dass sich Ihre Wünsche erfüllen mögen. Aber vielleicht ist ja auch irgendwann mal Schluss mit der Warterei. Erkennen Sie die Sinnlosigkeit dieses Unterfangens?

Partner: Diese Person geht eindeutig fremd – und dies schon seit geraumer Zeit. Die Beziehung zu Ihnen will sie nicht aufgeben, denn sie hat sich bequem bei Ihnen eingerichtet, und eigentlich läuft alles recht glatt. Sie sind Versorger oder Mutter und Hausfrau. Die oder den Geliebte/n will man jedoch ebenfalls behalten, denn hier geht es richtig leidenschaftlich zu. Warum also sollte man etwas ändern, wenn doch alle Beteiligten brav mitspielen?

Was bringt die Zukunft?

Singles: Aufgepasst: Hier wartet ein Schürzenjäger oder eine Sammlerin männlicher Trophäen. Mit Vollgas und intelligenter Gesprächsführung soll das Opfer – also Sie – in die Falle gelockt werden. Aber Sie sind nun gewappnet und können sich in Ruhe überlegen, ob Sie sich auf ein wildes sexuelles Abenteuer ohne Folgen einlassen wollen. Aber vielleicht macht das Spiel auch viel mehr Spaß, wenn Sie der Versuchung widerstehen!

Paare: Möglicherweise halten Sie diese Situation auch noch länger aus, denn Sie sind Kummer gewohnt und ziemlich leidensfähig. Hoffen Sie aber nicht darauf, dass sich etwas ändern wird. Die Chancen stehen schlecht, dass Ihr Partner von seiner Liebschaft ablassen wird. Die Leidenschaft lockt ihn zu sehr, wenngleich Liebe kaum im Spiel sein dürfte. Leider haben Sie, da Sie bisher nichts unternommen haben, Ihr stummes Einverständnis gegeben. Doch irgendwann werden Sie die Faxen dicke haben und endlich ausbrechen. Sehen Sie sich dann vor, dass man Ihnen nicht noch die Schuld an der Misere in die Schuhe schiebt!

Ratschlag

Das Leben ist zu kurz, um ewig auf den Liebsten oder die Geliebte zu warten. Außerdem gibt es so viele Männer und Frauen auf der Welt, da ist mit Sicherheit auch für Sie der oder die Richtige dabei. Sicher, diese/r Eine hat etwas ganz Besonderes. Aber wiegt das mehr als die Tatsache, dass diese Person nicht das Rückgrat hat, endlich Nägel mit Köpfen zu machen und eine klare Entscheidung zu treffen?

Modeguide

Nein, Hochzeitsglocken läuten nicht, aber heute ist dennoch die Farbe Weiß angesagt – notfalls auch Beige oder Hellgelb. Auf jeden Fall liegen Sie richtig, wenn Sie sich in helle Töne hüllen. In puncto Stil können Sie ansonsten Ihrer Lust und Laune folgen.

Die Sonne

Schlagwort: Geborgenheit oder energiegeladen

Persönliches Merkmal: Optimismus

Partner-Schnell-Vergleich

Ich: Sie treffen auf die wahre Liebe.
Er/sie: Er oder sie verliebt sich aufrichtig.

Wie wird das Treffen?

Ich: Freuen Sie sich auf ein lustiges, fröhliches und humorvolles Treffen voller Energie und abwechslungsreicher Gesprächsthemen. Die zuweilen auch ins Alberne driftende Stimmung verleitet Sie dazu, Ihre Begleitung über einen provokativen Flirt aus der Reserve zu locken. Mit ihr oder ihm macht Ihnen das Flirten so richtig Spaß.

Er/sie: Ein angenehmer Gesprächspartner, der amüsant und unterhaltsam ist. Sie haben es hier mit einem Sunnyboy bzw. -girl zu tun. Dieser Mensch versprüht gute Laune und präsentiert ein strahlendes Lächeln, das scheinbar niemals aufhört. Sie kommen an und Sie wollen auch gefallen. Es wird gescherzt und gelacht, ernsthafte Themen haben hier keinen Platz.

Ist-Zustand der Partnerschaft

Ich: Man könnte meinen, Sie und Ihr Partner seien direkt einem Lifestyle-Katalog entsprungen. Probleme und Niederlagen wischen Sie einfach vom Tisch, denn Sie können und wollen sich generell nicht mit negativen Dingen abgeben. Pessimismus und Pedanterie verabscheuen Sie. Ihre Liebe für Ihren Partner ist stark, Ihre Leidenschaft groß. Ihre Pläne und Ziele sind aber manchmal so fantastisch, dass es nur bei den Gesprächen und Träumen darüber bleibt. Doch das stört Sie nicht. Sie sind glücklich mit dem jetzigen Zustand Ihres Lebens und Ihrer Partnerschaft.

Partner: Gern verschläft Ihr Partner den halben Tag und genießt ein üppiges Mahl im Bett. Fleißig ist er, wenn er unter Druck steht und Geld verdienen muss. Diesen Typ trifft man häufig als Freiberufler; er kann zu Höchstform auflaufen, wenn er entweder Geld braucht oder sich für eine Sache begeistern kann. Dann ist er wie besessen. Sie dürfen sich glücklich schätzen, einen so leidenschaftlichen, sonnigen Menschen an Ihrer Seite zu haben. Er ist außerdem treu und liebt Sie aufrichtig.

Was bringt die Zukunft?

Singles: Hier wartet die wahre und einzigartige Liebe, die Sie sich erträumt haben – ganz ohne Wenn und Aber, Uneinigkeit oder Problemewälzen. Tiefes Verständnis verbindet Sie mit Ihrem oder Ihrer Auserwählten. Sie können sich in Bezug auf die Partnerschaft vorstellen und wünschen, was Sie wollen: Es wird in Erfüllung gehen.

Paare: Einzig die Finanzen könnten hier und da mal für Schwierigkeiten sorgen, da Sie beide sehr verschwenderisch sind. »Das Teuerste ist gerade gut genug« lautet die Devise, und da überzieht man auch schon mal das Girokonto. Ein böses Erwachen gibt es erst, wenn Rechnungen platzen oder Kreditkarten gesperrt werden. Dann aber packt man gemeinsam die Misere an, schnürt den Gürtel enger und startet voll durch – bis zum nächsten Desaster. Dieses sich wiederholende Procedere hat durchaus seinen Charme.

Ratschlag

Sie leben über Ihre Verhältnisse. Wäre etwas weniger Achterbahnfahren in finanziellen Dingen nicht auch für Ihren Gefühlshaushalt entspannend? Machen Sie sich klar, in welch glücklicher Lage Sie mit Ihrem Partner sind, denn Sie haben sich! Lassen Sie dafür den nächsten Kaufrausch einfach mal ausfallen, indem Sie nur davon träumen, was Sie sich gern alles leisten würden. Da können Sie dann den schicken neuen Wagen erwerben – in Ihrer Fantasie, die Sie ausgiebig genießen dürfen. Ansonsten denken Sie einfach an Ihre Jugend- und Twen-Zeit zurück, da kamen Sie auch mit sehr wenig Luxus aus. Und erlebten den gemeinsamen Spaziergang im Regen viel intensiver.

Modeguide

Heute empfiehlt sich Designerkleidung und Markenware, allerdings muss diese so gekonnt abgerissen aussehen, dass man nur einen teuren Hersteller dahinter vermuten kann. Außerdem wird das Label schon an der richtigen Stelle aufblitzen.

Der Mond

Schlagwort: starke Gefühle

Persönliches Merkmal: zehn bis fünfundzwanzig Jahre jünger als die Rat suchende Person

Partner-Schnell-Vergleich

Ich: Das klassische „Lock-und-block"-Spielchen mag zwar durchaus spannend sein, kostet aber auch einiges an Nerven.

Er/sie: Dieser Mensch weiß nicht, was er will. Er liebt Sie, er liebt Sie nicht, er liebt Sie …

Wie wird das Treffen?

Ich: Melancholische, vielleicht auch sentimentale Gefühle könnten aufkommen, wenn Sie bei diesem Treffen über vergangene Zeiten sprechen. Vermutlich werden Sie dabei von den sensiblen Blicken Ihres Gegenübers verzaubert. Es erwarten Sie Verständnis und das Gefühl, vom anderen aufgefangen zu werden. Auch ohne große Worte fühlen Sie sich verstanden.

Er/sie: Das ist nicht das, was Sie sich wünschen: Hier werden eher Vater- oder Muttergefühle wach, denn Sie begegnen einer Lolita mit Zöpfchen, die verlegen und mit gesenktem Blick agiert. Treffen Sie einen Mann, so ist es eher der Typ »Lausbub«, der niemals erwachsen wird. Ihr Gegenüber signalisiert Hilfsbedürftigkeit, ist sich dessen aber nicht bewusst. Gleichzeitig ist man von Ihnen begeistert und will sich partnerschaftlich an Ihre Fersen heften.

Ist-Zustand der Partnerschaft

Ich: Wenn Sie es schon mehrere Jahre mit diesem Partner aushalten, dann darf man Sie getrost als belastbar bezeichnen, denn alles, was diese Beziehung ausmacht, steuern Sie bei. Sie sind die treibende Kraft, wenn es darum geht, sich zu verabreden oder nach einem Streit wieder zu versöhnen. Sie sind für Ideen und Anregungen zuständig und sagen, was zu tun und was zu lassen ist. Fast immer nimmt Ihr Partner Ihre Vorschläge und Entscheidungen dankbar an. Sie verfügen in dieser Verbindung über deutlich mehr Lebenserfahrung und sind mental wie emotional der oder die Stärkere.

Partner: Unbedarft und manchmal auch hilflos erscheint dieser Mensch, gleichzeitig aber verlässlich und arbeitsam. Ansonsten sind Sie sein Lebensmittelpunkt, und er macht (fast) alles von Ihnen abhängig – ein bisschen wie ein Kind, das nicht erwachsen werden will. Ihr Partner fühlt sich wohl und hat nicht vor, etwas an der Beziehung zu verändern. An Trennung denkt er nicht mal im Traum. Sie werden über alles geliebt, so wie Sie sind.

Was bringt die Zukunft?

Singles: Es kann ja auch mal ganz angenehm sein, wenn man in einer Begegnung ganz klar die Hosen anhat. Aber fallen lassen können Sie sich da nicht, denn es fehlt die starke Schulter zum Anlehnen. Diese Verbindung hat keine Zukunft, denn irgendwann sind Sie einerseits überlastet, andererseits aber geistig unterfordert.

Paare: Mit Sicherheit besteht eine starke Anziehungskraft zwischen Ihnen beiden, aber immer nur der Lehrer zu sein, weil der Partner aus mangelnder Erfahrung nur wenig beizutragen hat, ist auf Dauer mühsam und langweilig. Sie möchten sich doch auch mal bereichern oder berieseln lassen. Auch im sexuellen Bereich ist diese Beziehung eher einseitig; vermutlich sind Sie es, der hier klare Ansagen macht. Wenn Sie sich nichts vormachen, müssen Sie sich eingestehen, dass nur Sie diese Beziehung am Leben erhalten. Wie lange noch?

Ratschlag

Hängen Sie an Ihrem Partner, so ermuntern Sie ihn, sich fortzubilden bzw. persönlich weiterzuentwickeln. Helfen Sie ihm dabei, einen Coach zu finden oder das richtige Selbsterfahrungsseminar, um endlich erwachsen zu werden, seine Naivität abzulegen und zu lernen, auf eigenen Füßen zu stehen. Stoßen Sie mit ihrem Ansinnen auf Unverständnis, so müssen Sie Ihrem Schatz vielleicht ein wenig auf die Sprünge helfen, indem Sie ihn freundlich daran erinnern, wie oft er schon ins Fettnäpfchen getreten ist, einem Schwindler aufgesessen ist oder sich minderwertig gefühlt hat, weil er Ihnen nicht das Wasser reichen kann.

Modeguide

Das kleine Schwarze ist heute für die Dame die richtige Kleidung – kombiniert mit Pumps oder feschen Stiefeln, dazu die kleine Handtasche und ein elegantes Cape. Der Herr greift zu schwarzem Anzug, weißem Hemd und modischer Krawatte; schwarze Schuhe sind selbstverständlich. Ein Smoking ist nicht unbedingt erforderlich, wäre aber die Alternative.

Der Schlüssel

Schlagwort: gutes Gelingen, Sicherheit

Persönliches Merkmal: Bartträger (bei einer Frau zu vernachlässigen)

Partner-Schnell-Vergleich

Ich: Der Schlüssel bedeutet gutes Gelingen in Sachen Partnerschaft. Gefühle sind dabei eher nebensächlich. Was zählt, ist das Materielle.

Er/sie: Diese Person ist eher materiell ausgerichtet; Gefühle sind ihr nicht so wichtig.

Wie wird das Treffen?

Ich: Diese Karte deutet auf eine wenig lockere Stimmung hin, denn Ihr Gegenüber sucht einen Versorger oder emotionalen Beistand. Schnell wird das Gespräch auf das Thema »feste

Partnerschaft« gebracht. Sie fühlen sich in die Enge getrieben.

Er/sie: Sie sind auf der Suche nach einem schwierigen, komplizierten und umständlichen Typ? Dann haben Sie ihn hiermit gefunden. Es fällt ihm mehr als schwer, auch mal fünf gerade sein zu lassen; alles wird in weiser Voraussicht geplant und organisiert, nichts dem Zufall überlassen. Dies ist ein Mensch, der Sicherheiten liebt und braucht. Sind Sie eher emotional veranlagt, fallen Sie bei ihm durchs Raster.

Ist-Zustand der Partnerschaft

Ich: Sie haben eine nette Wohnung, vielleicht sogar ein Eigenheim. Auch um Ihren Kontostand ist es gut bestellt. Dennoch leben sie bescheiden, denn man weiß ja nie, wofür man die Reserven einmal braucht. In Ihrem Bekanntenkreis fühlen Sie sich wohl. Man spielt Bridge, geht in den Kegelclub oder trifft sich zum Kaffeeklatsch. Hier und da geht es auch etwas ausschweifender zu, nämlich dann, wenn man zu einem Fest geladen ist. Ihr Partner hat sich allerdings zum pedantischen Nörgler entwickelt, doch das stört Sie nur am Rande. Solange Ihr Sparstrumpf gut gefüllt ist, ist für Sie alles in bester Ordnung.

Partner: Auf geistiger Ebene zeichnet sich diese Person durch Scharfsinn und schnelle Auffassungsgabe aus; es fällt ihr leicht, andere mit guten Argumenten zu überzeugen. Das Wissen um die eigene Intelligenz kann allerdings zur Droge werden. Man möchte dann stets als Gewinner dastehen und »missbraucht« Sie als Diskussionspartner. Sie können dabei jedoch nur verlieren. So ähnlich läuft es auch in anderen Bereichen. Es besteht die Gefahr, dass Ihr Partner den Respekt vor Ihnen verliert.

Was bringt die Zukunft?

Singles: Es gibt Menschen, denen finanzielle Sicherheit wichtiger ist als die Gefühle des (potenziellen) Partners. Diese Aussage ist nicht wertend gemeint, sondern beschreibt nur die Tatsachen. Ist das bei Ihnen ein Grundbedürfnis, auch weil Sie aus der Vergangenheit gelernt haben, so können Sie jetzt zugreifen: Der für Sie passende Partner steht bereit. Die Kennenlernphase könnte sich jedoch etwas karg gestalten. Geschenke und Einladungen werden eher die Ausnahme sein.

Paare: Obwohl die Aussichten für dieses Paar eher schlecht sind, wird man sich nicht trennen. Zu sehr ist man über materielle Dinge wie Haus und Hof miteinander verbunden und möchte diesbezüglich auch nicht zurückstecken. So bleibt man denn zusammen. Und, machen wir uns nichts vor, beiden gefällt die Situation des finanziellen Wohlstandes, auch wenn die Liebe fehlt.

Ratschlag

Wo kein Opfer, da kein Täter. Befinden Sie sich aber in der Opferrolle, so überprüfen Sie zunächst, ob Sie nicht auch ein wenig Gefallen daran finden, den Märtyrer zu spielen. Sollten Sie zu dem Schluss kommen, dass Ihnen dieser Part nicht gefällt, so haben Sie es in der Hand, ihn aufzugeben. Machen Sie dem Täter klar, wie Sie sich fühlen, und dass Sie ab sofort nicht mehr bereit sind, sich unterzuordnen bzw. schlecht behandeln zu lassen. Spielen Sie für sich selbst einen Rollentausch durch. Gehen Sie in Ihre Kraft!

Modeguide

Da Sie in den häuslichen Bereich zum gemeinsamen Kochen oder Ähnlichem eingeladen wurden, dürfte normale Freizeitkleidung passend sein. Das heißt aber nicht, dass Sie Ihre Reize verbergen müssen. Auch ein lässiger Rock oder eine knackige Jeans kann aufregend sein.

Die Fische

Schlagwort: Bindungsunfähigkeit, mangelnder Bindungswille

Persönliches Merkmal: Gesellschaftstrinker oder Trinker

Partner-Schnell-Vergleich

Ich: Sie sind bezüglich einer neuen Bekanntschaft eher unentschlossen.

Er/sie: Er oder sie wird sich als Partner nicht greifen lassen.

Wie wird das Treffen?

Ich: Ein feucht-fröhlicher Abend erwartet Sie. Bei diesem Treffen werden Sie und Ihre Begleitung alkoholischen Genüssen frönen, wobei Sie handfeste unterhaltsame Kneipengespräche führen. Insgesamt stellt die Bekanntschaft eine Bereicherung dar, denn sie trifft Ihren Nerv. Warum auch nicht?

Er/sie: Sie gefallen Ihrer Begleitung, aber eher als Saufkumpan, den man auf eine Kneipentour mitnimmt. Dabei versteht man sich. Sie können sich über die gleichen Themen amüsieren und über die Gäste im Lokal frotzeln.

Ist-Zustand der Partnerschaft

Ich: Wie gern würden Sie Ihrem Partner häufiger sagen, dass Sie ihn lieben? Sie möchten ihm Ihre Fantasien mitteilen, ihn berühren, wenn Ihnen danach ist? Doch Sie trauen sich oft nicht, weil Sie unsicher sind, ob es Ihrem Partner gefällt; Sie wollen nicht lästig oder nervig sein und nehmen sich deshalb zurück. Sie lieben Ihren Mann/Ihre Frau und werden mit großer Wahrscheinlichkeit ebenfalls geliebt. Aber Sie beide waren in der Vergangenheit oft zu schüchtern, um es einander zu zeigen oder mitzuteilen.

Partner: Diese Person hat es nicht gelernt, über ihre Gefühle zu reden oder sie zu zeigen. Da sie prüde und streng erzogen wurde, liegt das vermutlich am Elternhaus. Das heißt aber noch lange nicht, dass keine Gefühle vorhanden wären. Tatsächlich mag dieser Mensch berührt werden, kann es aber nicht unbedingt in derselben Art erwidern. In Gedanken formuliert Ihr Partner Liebesschwüre, er spricht sie nur nicht aus. Dieser Mensch liebt Sie sehr.

Was bringt die Zukunft?

Singles: Eine wertvolle Freundschaft ist auf jeden Fall drin. Ob sich mehr entwickelt, wird sich erst im Lauf der Zeit zeigen. Vorerst scheinen Sie beide nicht an einer Partnerschaft interessiert zu sein. Bedenkt man, dass Freundschaften oft länger halten als Beziehungen, gibt es auch gar keinen Grund, hier etwas zu forcieren.

Paare: Sie hängen an diesem komischen Kauz, denn instinktiv erfassen Sie seine liebenswerten Seiten, die für Sie gar nicht unbedingt greifbar sein müssen. Sie wissen, dass eine gewisse abwehrende Haltung Ihnen gegenüber nur auf Hemmungen beruht. Diese Beziehung hat ihren Reiz – das gilt für beide Seiten. So sind Sie und Ihr Partner froh miteinander, und das wird auch auf längere Sicht so bleiben.

Ratschlag

Hören Sie auf, so hartnäckig Liebesbeweise einzufordern – sei es auf körperlicher oder verbaler Ebene. Denn so ist es kein Wunder, dass Ihr Partner bockig wird, sich sträubt und vielleicht sogar aggressiv wird. Sie machen es sich und ihm viel leichter, wenn Sie den Anfang machen. Gehen Sie selbstbewusst auf Ihren Geliebten oder Ihre Liebste zu, tun und sagen Sie, was Ihnen gefällt, und seien Sie sicher: Der Löwe wird bald schnurren wie eine Katze.

Modeguide

Bisher hatten Sie ein großes Faible für die unmöglichsten Kombinationen: kariert und gestreift, Gelb mit Rosa oder mit Jeans zur Premierenfeier. Lassen Sie sich doch einmal professionell beraten! Das kann viel Spaß bringen und einen ganz neuen – stilsicheren – Typ aus Ihnen machen. Damit aber heute schon alles passt: Bleiben Sie im dezent-sportlichen Bereich und wählen Sie bewusst weder grelle Farben noch wilde Muster bzw. Kombinationen.

Der Anker

Schlagwort: das passende Gegenstück oder loslassen

Persönliches Merkmal: Angestellter; gesicherte Existenz

Partner-Schnell-Vergleich

Ich: Sie kommen endlich beim richtigen Partner an – oder haben ihn schon gefunden.

Er/sie: Er oder sie klammert und kann nicht loslassen.

Wie wird das Treffen?

Ich: Jetzt wird's schwierig, denn diese flüchtige Bekanntschaft wird auch eine bleiben. Aber Sie verrennen sich da in etwas. Es besteht die Gefahr, dass Sie in die Worte und Gesten Ihres Gegenübers Dinge hineininterpretieren, die definitiv nicht vorhanden sind. Sie sind schwer begeistert, aber mit ein wenig Abstand müssten Sie erkennen, dass diese Person emotional gar nicht auf Sie eingeht. Lassen Sie Ihre Bedürfnisse los, und sehen Sie diese Begegnung als das, was sie ist: ein netter und kurzweiliger Zeitvertreib – nicht mehr.

Er/sie: Da sucht jemand händeringend nach einem geeigneten Partner. Verzweifelt klammert sich Ihr Gegenüber dabei an jeden Strohhalm, und natürlich sind Sie prompt die Traumfrau oder der Traummann. Sie werden auf ein Podest gestellt und angehimmelt; das könnte anstrengend werden.

Ist-Zustand der Partnerschaft

Ich: Wahrscheinlich ist das einer der ersten Männer bzw. eine der ersten Frauen, die Sie in Ihrem Leben kennen und lieben gelernt haben, und Sie sind dann auch gleich bei ihm/ihr geblieben. Recht haben Sie, denn im Regelfall verbessert man sich nicht, wenn man das Pferd gleich wechselt, nur weil es erschöpft scheint. Ist das in Ihrer Beziehung der Fall, so gönnen Sie sich und Ihrem Partner eine Erholungspause, sodass innerhalb der Beziehung ein Neuanfang möglich wird, der frische Gefühle und neu entfachte Leidenschaft mit sich bringt.

Partner: Ihr Partner ist ein heimatverbundener und häuslicher Typ, der gern kocht und der's gemütlich mag. Ab und an schläft er auch mal auf dem Sofa vor dem Fernseher ein. Vielleicht hat er einen Hobby-Keller, oder sie befasst sich gern mit Handarbeiten, ist eher genügsam und drängt nicht übermäßig in die große weite Welt hinaus. Mit dieser Person führen Sie eine solide und glückliche Beziehung.

Was bringt die Zukunft?

Singles: Weiß der Kuckuck, wie Sie darauf kommen, dass das Ihre große Liebe sein könnte! Dieser Mann oder diese Frau ist möglicherweise glücklich gebunden oder hat überhaupt kein Interesse an Ihnen als Partner, weil Sie gar nicht seinem/ihrem Typ entsprechen. Woran machen Sie fest, dass genau das Gegenteil der Fall sein soll? Warum belügen Sie sich selbst und verschwenden womöglich viel Zeit mit Warten? Wachen Sie auf!

Paare: Ihre Wünsche und Hoffnungen in dieser Partnerschaft beziehen sich vor allem auf immaterielle Güter wie Zufriedenheit oder Gesundheit. Sie sind bescheiden, weil Sie erkannt haben, dass gesellschaftliche Zwänge, ebenso wie materielle Dinge, im Vergleich zu seelischen Belangen nichts bedeuten. Diese Art zu leben macht Sie beide unabhängig, weil Sie sich dem allgemeinen Wettbewerb der Eitelkeiten nicht unterwerfen. Sie bereichern Ihr Leben durch Reisen und Kultur und finden Glück in der Zweisamkeit. Das wird auch in Zukunft so bleiben.

Ratschlag

Sie jagen einem Phantom nach, haben sich in eine Person verliebt, die für Sie unerreichbar ist. Vielleicht ist es nur der Nachbar oder die Frau eines Kollegen, aber diese sind genauso unerreichbar wie ein amerikanischer Filmstar. Sie bilden sich da etwas ein. Aber wie sollen Sie es erkennen, wo Sie sich doch alles schon so schön zurechtgelegt haben? Wie können Sie aus diesem Muster ausbrechen? Vielleicht gar nicht, sofern Sie mit dieser Situation glücklich sind. Sind Sie jedoch unglücklich, sollten Sie sofort von Ihren Luftschlössern ablassen, wieder zu sich finden und einen passenderen Partner suchen.

Modeguide

Bei ihnen hängen viele Lieblingsstücke im Schrank, die Sie fast schon vergessen haben. Schauen Sie sich diese Kleider einmal genau an. Manches, das schon aus der Mode war, liegt vielleicht schon wieder voll im Trend. Kleiden Sie sich heute in Ihren alten Lieblingsklamotten.

Das Kreuz

Schlagwort: Kummer und Leid

Persönliches Merkmal: hager bis dürr; knabenhaft

Partner-Schnell-Vergleich

Ich: Sie stehen kurz vor einer Trennung.

Er/sie: Er oder sie wird sich in nächster Zeit von ihrem Partner trennen bzw. scheiden lassen.

Wie wird das Treffen?

Ich: Es sieht aus, als wäre der Anfang auch gleich schon das Ende. Die Chemie stimmt einfach nicht. Es sei denn, Sie beide finden diese Antipathie reizvoll, und es entwickelt sich später doch noch mehr daraus. Dieses Treffen wird jedoch in jedem Fall eine Niederlage.

Er/sie: Ihr Gegenüber zeigt sich eher desinteressiert. Trotzdem kann es sein, dass Sie sich in Diskussionen verstricken, die sich aber recht mühsam gestalten. Denn es ist schwierig, Zugang zu dieser Person zu finden. Dieser Mensch bemüht sich nicht einmal, gemeinsame Gesprächsthemen zu finden, und signalisiert damit eindeutig sein Desinteresse.

Ist-Zustand der Partnerschaft

Ich: Möglicherweise kommt es für Sie überraschend, aber wenn Sie genau hinsehen, ist Ihnen eigentlich schon länger klar, dass Sie mit diesem Partner nicht mehr glücklich sind. Sie hätten in der Vergangenheit schon häufiger guten Grund gehabt, die Beziehung zu beenden; umso mehr werden Sie sich jetzt wundern, dass man Sie vor die Tür setzen will.

Partner: Dieser Mensch trägt sich schon länger mit Trennungsabsichten und wird daher in letzter Zeit immer gereizter und aggressiver. Seine Unzufriedenheit rührt von mangelnder Anerkennung im Job oder von Freunden her, doch unbewusst macht er Sie dafür verantwortlich. Irgendjemand muss ja Schuld sein an seinem Dilemma! Ihr Partner glaubt, Sie stünden seiner glänzenden Zukunft im Weg.

Was bringt die Zukunft?

Singles: Ihre neue Bekanntschaft ist frech und provozierend, eventuell aber auch arrogant und herablassend. Sie mögen die Herausforderung und wollen diese feste Burg womöglich erobern. Aber selbst wenn Sie es schaffen, dass dieser Prinz/diese Prinzessin Sie erhört, so ist ein späteres Scheitern sehr wahrscheinlich.

Paare: Ihre Beziehung neigt sich dem Ende zu – das war schon längst überfällig. Demütigungen mussten Sie schon lange ertragen, mit diesem Partner hatten Sie ein Kreuz zu tragen. Denken Sie nun endlich an sich selbst, und sehen Sie die Trennung als Chance. Denn vor Ihnen liegt eine wunderbare Zeit: Sie können in Zukunft ohne Kontrolle und Beschimpfungen nach Ihren Wünschen schalten und walten. Die Freiheit winkt. Angst vor dem Alleinsein sollten Sie nicht haben, denn die kommende Lebensphase wird Sie stärken.

Ratschlag

Wenn Sie bislang bei Ihrem Partner geblieben sind, weil Sie Angst davor hatten, in finanzielle Schwierigkeiten zu geraten, so rate ich Ihnen: Suchen Sie sich ein kleines Zimmer, und nehmen Sie ein bis zwei kleinere Nebenjobs an. Man kann auch mal bescheidener leben. Dafür gewinnen Sie ein hohes Gut: Ihre Freiheit.

Modeguide

Eine neue Garderobe ist angesagt, eine neue Frisur, ein neuer Duft. Gönnen Sie sich ein wenig Luxus, und werfen Sie alte Kleider, die nicht mehr zu Ihnen passen, fort. Bessere Zeiten brechen an, und die begrüßt man am besten mit einer grundlegenden Veränderung, die Ihren (neuen) Typ unterstreicht. Nur Mut!

Legesystem aus der Praxis

Die erste Methode, die ich Ihnen vorstellen möchte, hat sich im Lauf meiner langjährigen professionellen Arbeit mit den Lenormand-Wahrsagekarten vielfach bewährt. Dieses Legesystem, das sich speziell für Liebes- und Beziehungsfragen eignet, habe ich von einer kroatischen Kartenlegerin gelernt, die von einer alten Zigeunerfamilie abstammt. Da ich seit Kindertagen eine Affinität zum fahrenden Volk habe, fiel mir der Zugang zu dieser Methode besonders leicht. Man kann, ohne auch nur das Geringste von einem Klienten zu wissen, aus den Karten ersehen, wie es zurzeit um seine Partnerschaft bestellt ist. Auch die Gefühle, Gedanken und Zukunftsaussichten des Klienten und seines Partners können mithilfe dieses Systems erforscht werden. Und zum Schluss erhält der oder die Ratsuchende noch einen persönlichen Rat des Orakels. Die perfekte Grundlage für eine ausführliche Beratung!

Im Folgenden stelle ich Ihnen diese Methode Schritt für Schritt vor und gebe Ihnen darüber hinaus in den ausführlichen Beispiellegungen einen Einblick in meine Kartenlegepraxis. Hier veranschauliche ich, wie man sich einem Thema nähert, wie man nachfragt und einen Klienten durch eine Sitzung führt. Schauen Sie mir also über die Schulter, und entscheiden Sie, ob Sie mit mir konform gehen oder vielleicht einen anderen Weg wählen würden! Das Wichtigste beim Kartenlegen für eine andere Person ist, möglichst objektiv und frei von Projektionen zu sein. Schließen Sie also nicht unbedingt von sich auf andere. Gefragt sind außerdem Ihre Fantasie und Kombinationsgabe. Letzteres ist natürlich ebenso hilfreich, wenn Sie die Karten für sich selbst legen.

Gehen Sie ansonsten grundsätzlich wach durchs Leben, sammeln Sie vielfältige Eindrücke und Erfahrungen und beobachten Sie Beziehungen und die speziellen Dynamiken, die hier immer wieder auftauchen. Und lassen Sie all dies in Ihre Kartenlegepraxis mit einfließen.

Vorgehensweise

Bei dieser Methode werden insgesamt neun Karten benötigt. Sie können diese alle nach einmaligem Mischen entnehmen, oder aber Sie ziehen jeweils die Karten für eine Position und stecken diese dann zurück ins Deck (siehe dazu auch Einleitung Seite 8). Ich empfehle hier die zweite Variante und erkläre es auch in den drei folgenden Beispielen so.

Dic Rat suchende Person – das können natürlich auch Sie selbst sein – mischt also die Karten konzentriert durch, fächert diese aus und zieht zwei Karten für die erste Position. Diese bezieht sich auf den Ist-Zustand einer Partnerschaft. Die erste Karte steht dabei für den Partner, die zweite für den Ratsuchenden. Zuerst werden die Karten jeweils für sich gedeutet, dann in Kombination. (Grundlegendes über das Deuten von Karten in Kombination finden Sie auf Seite 214 ff.) Auch diese Vorgehensweise wird in den Beispielen unten ausführlich erklärt.

Wenn Sie möchten, notieren Sie eventuell die Karten(-aussagen), mischen Sie die Karten und fächern Sie sie aus. Die nächsten zwei Karten, die gezogen werden, stehen für die Gefühle; auch hier gilt die erste Karte dem Partner, die zweite der Rat suchenden Person. Erneut werden beide Karten separat, dann zusammen gedeutet.

Beim dritten Positionsthema geht es um die Gedanken, beim vierten um die Zukunft des Ratsuchenden und seines Partners. Sie gehen dabei vor wie beschrieben.

Nur bei der letzten Ziehung, dem fünften Positionsthema, ziehen Sie lediglich eine Karte, die ausschließlich für die Rat suchende Person wichtig ist, denn sie zeigt, was ihr das Orakel rät.

Wenn Sie die Prioritäten anders setzen möchten, können Sie übrigens die Positionen eins bis vier gern auch vertauschen. Das ändert nichts am Resultat, kann aber für Sie persönlich die passendere Vorgehensweise sein, die dann auch zu einem stimmigeren Resultat führt.

Hier noch einmal die Positionsthemen:
Position 1 (2 Karten): Ist-Zustand
Position 2 (2 Karten): Gefühle
Position 3 (2 Karten): Gedanken
Position 4 (2 Karten): Zukunft
Position 5 (1 Karte): Was rät mir das Orakel?

Beispiel 1: Die heimliche Liebschaft

Vor nicht allzu langer Zeit besuchte mich Marianne K., 37 Jahre alt, von Beruf Verwaltungsfachangestellte – eine zierliche Person mit langen, gelockten braunen Haaren. Ihre Kleidung war dezent, aber modisch. Eine lustige Brille schmückte ihr Gesicht und unterstrich ihren kecken Typ, dessen Natur sie aber nicht so ganz nachzugeben schien. Denn insgesamt machte sie einen eher zurückhaltenden und schüchternen Eindruck und erweckte in mir die Vorstellung, dass sie in geordneten Verhältnissen lebte. Ich begann also schon im Vorhinein, mir ein Bild zu machen – ein natürlicher Vorgang, bei dem man jedoch Achtsamkeit walten lassen sollte.

Auf die Frage hin, in welchem Bereich ich ihr weiterhelfen könne, antwortete sie ganz klar: »Partnerschaft und Liebe«. Mehr interessiere sie nicht. Ich bat sie, aus dem zuvor von ihr gemischten und aufgefächerten Kartenstapel zwei Karten zu ziehen. Hiermit wollte ich den Ist-Zustand Ihres Liebeslebens ermitteln. Während die erste Karte für den (potenziellen) Partner stand, von dem ich nicht einmal wusste, ob es ihn gab, denn Marianne hatte sich nicht erklärt, bezog sich die zweite

Karte auf sie selbst. Die erste Karte war DER FUCHS (Betrug), die zweite DAS BUCH (Heimlichkeit).

Ich war erstaunt über diese Kartenkombination, hatte ich Marianne doch eher solide eingeschätzt. Ich konfrontierte sie mit der Aussage, dass es sich hier um eine heimliche Liebschaft handelte und ihr Partner dabei der Unehrlichere war, vermutlich weil er noch in einer festen Partnerschaft steckte. Weiter vermutete ich, dass die Beziehung in zweifacher Hinsicht heimlich war, weil dieser Mann möglicherweise auch noch aus Mariannes Arbeitsumfeld kam. Die Kombination DER FUCHS – DAS BUCH sagte mir, dass wohl in der Heimlichkeit noch eine Unehrlichkeit steckte, die ich nur mit mangelnder Aufrichtigkeit Marianne gegenüber erklären konnte. Diesen Verdacht sprach ich aber zunächst noch nicht aus.

Marianne bestätigte die von mir getroffenen Aussagen, war aber zugleich unzufrieden, wollte sie doch wissen, wie es weitergehen würde, was ihr Geliebter dachte und fühlte, ob er sich jemals trennen und ob es eine gemeinsame Zukunft geben würde. Abermals ließ ich Marianne die Karten mischen und ausfächern und forderte sie auf, je eine Karte für seine und ihre Gefühle zu ziehen. Sie zog daraufhin die Karten DER BRIEF und DIE SONNE.

DER BRIEF bescheinigte diesem Mann lediglich oberflächliche Gefühle, während sie sich in dieser Verbindung geborgen fühlte. In Kombination bedeuten diese Karten Oberflächlichkeit und Energie; man durfte also darauf schließen, dass ihr dieser Zustand Energie entzog. Wen wundert's! Auch diesmal bestätigte Marianne die Aussage, war aber enttäuscht, dass die Karten ihrem Liebsten in Bezug auf sie nur eine maue Gefühlslage bescheinigten. So schenkte sie mir bzw. den Karten in diesem Fall keinen Glauben, hatte dieser Mann doch stets seine Liebe bekundet.

Marianne wollte nun dennoch genauer wissen, was in Ihrem Geliebten gedanklich vorging. Sie nahm die Karten wieder auf, mischte sie und zog erneut zwei Karten: DIE WOLKEN und DER KLEE.

Leider bestätigte dies die vorige Aussage: Dieser Mann war unklar und nicht willens und in der Lage, eine Entscheidung zu treffen. Er schwebte wie im Nebel, während Marianne voller Hoffnung war. Da aber diese beiden Karten in Kombination »getrübte Freude oder Hoffnung« bedeuten, liegt der Schluss nahe, dass er ihr gegenüber sogar eher negative Gefühle hegte. Das ist nicht sehr verwunderlich, denn er konnte ja nie wissen, ob Marianne wirklich dicht halten oder doch eines Tages zu seiner Freundin gehen würde, um ihr von der Liebschaft zu erzählen. Auch im Job konnte diese geheime Verbindung auffliegen.

Marianne war frustriert und fragte nach der Zukunft: »Wie geht es denn nun weiter?« Sie nahm das Kartendeck wieder auf, mischte, fächerte die Karten aus und zog zwei weitere heraus: Der Fuchs und Der Sarg.

Auch diese beiden Karten sagten nichts Gutes über diese Bindung aus. Mariannes Geliebter würde weiterhin unehrlich bleiben, denn Der Fuchs bescheinigt ihm weiterhin Lüge und Betrug. Weil Marianne begriffen hat, was hier gespielt wird, hat sie den Sarg (etwas geht zu Ende) gezogen und würde ihrerseits die Affäre beenden. Warum sie Schluss machen wollte, wird aus der Kombination der beiden Karten ersichtlich: Der Fuchs und Der Sarg bedeuten: das Ende der Lügen. Man kam mit dieser Lügerei nicht weiter, denn Marianne wurde zunehmend misstrauisch.

Mit hängenden Schultern saß meine Klientin nun da. Wir fragten, wie es weitergehen solle. Was konnte sie tun? Wieder wurden die Karten gemischt und noch eine gezogen: Der Anker: loslassen!

DER ANKER hat zwar zwei Bedeutungen, aber man musste diese mit Gespür auf die offensichtliche Situation beziehen. Die zweite Aussage, welche dem Anker zugeordnet ist, »das passende Gegenstück«, wäre hier sicherlich unangebracht gewesen. Ich vermittelte Marianne also noch einmal drastisch die Botschaft der Karten: Das Ende dieser Beziehung war unvermeidlich. Sie wehrte sich immer noch deutlich gegen die Erkenntnis, dass hier nichts mehr zu retten war, sah aber ein, dass eine weitere Befragung der Karten keine neuen Botschaften mehr bringen würde. Wir beendeten die Sitzung.

Einige Zeit später habe ich mit Marianne telefoniert. Sie erzählte mir, dass es sich tatsächlich zugetragen hatte wie prognostiziert. Ihr Geliebter erfand immer wieder neue Ausreden und entzog sich ihr. Da traf sie die längst überfällige Entscheidung, die Geschichte zu beenden. Wir machten einen neuen Termin aus, denn Marianne hat einen neuen Mann kennen gelernt – diesmal einen, der solo ist.

Beispiel 2: Gestresste Beziehung

Vor einiger Zeit fand Frau Maier den Weg zu mir. Ich schätzte sie auf Mitte fünfzig. Sie erzählte mir, dass sie Zeit ihres Lebens Hausfrau und Mutter gewesen sei und während ihrer Ehe niemals arbeiten musste. Frau Maier machte auf mich einen flotten, wenn auch bodenständigen Eindruck.

Frau Maier wollte wissen, wie es um ihre Partnerschaft stand. Sie sagte zunächst nicht mehr dazu, offensichtlich war es ihr unangenehm. Man sah ihr an, dass sie sich wie eine Verräterin fühlte, da sie wohl meinte, sich ihrem Mann gegenüber nicht loyal zu verhalten, wenn sie mit einer fremden Person über ihre Beziehung sprach.

Frau Maier mischte die Karten nach Anweisung, fächerte sie aus und zog zwei zum Thema »Ist-Zustand« heraus. Die erste war Der Bär (Eifersucht), also ein Hinweis darauf, dass ihr Gatte besitzergreifend und einnehmend ist. Die Karte von Frau Maier war Das Schiff, das mir von ihren Sehnsüchten erzählte.

Grundsätzlich sagten diese beiden Karten aus, dass keiner der beiden Eheleute an eine Trennung dachte, wobei aber der Gatte eifersüchtig über seine Frau wachte und versuchte, sie über Verbote und harte Worte zu kontrollieren. Starke Eifersucht führt eigentlich immer zu Eingrenzung und Kontrolle, da man dem Partner nicht traut und Angst hat, betrogen zu werden. Im Gegensatz dazu hatte Frau Maier in dieser Beziehung den weichen, ja schwärmerischen Part übernommen. Das Schiff zeigte, dass sie von gemeinsamen Unternehmungen träumte und sich mit ihm in der Welt zeigen wollte. Für ihn jedoch war das nicht möglich. Zu stark waren seine Ängste, dass ein anderer Mann auf seine Partnerin aufmerksam werden könnte. So versteckte er sie lieber und hielt sie kurz. Allerdings barg sein Verhalten natürlich die Gefahr, dass er seine Gattin geradezu dazu trieb, aus dieser Enge auszubrechen.

Ich erzählte Frau Maier, was mir die Karten verrieten, und sie nahm es weinend auf. Sie berichtete, dass das vor ein paar Jahren so angefangen hatte, sie und ihr Mann plötzlich immer weniger ausgingen und er seitdem wie ein Schießhund auf sie aufpasste. Von heute auf morgen? So ganz plötzlich? Ich überlegte mir, dass da wohl etwas vorgefallen sein musste und schlug vor, dass wir zunächst seine Gedanken erforschten. Frau Maier nahm das Lenormand-Deck ein weiteres Mal zur Hand, mischte, fächerte die Karten aus und zog zwei heraus. Die erste war DIE SCHLANGE (Rivalität, Umwege), die zweite DER REITER (Botschaft oder junge Liebe).

Aha, der Gatte spürte eine Rivalität, welche durch DIE SCHLANGE angezeigt wird, und seine Frau wusste davon, denn sie selbst bestätigte mit dem REITER, dass es wohl mal einen Flirt gegeben hatte. In Kombination zeigten DIE SCHLANGE und DER REITER die Vermutung des Gatten, dass es eventuell auf Umwegen noch einen Nachrichtenaustausch zwischen seiner Frau und dem Rivalen geben könnte. Ich legte Frau Maier meine Gedanken nahe, und sie fühlte sich offenbar ertappt und rechtfertigte sich auf der Stelle. Sie und ihr Mann waren vor ein paar Jahren auf einer Party gewesen, dort lernte sie Rainer kennen, und die beiden unterhielten sich den ganzen

Und was riet das Orakel Frau Maier ganz generell? Sie mischte ein letztes Mal die Karten und zog DIE WEGE (Entschlusskraft und eigene Wege gehen).

Ja, bestätigte sie, sie müsse aus ihrem Mäuschen-Dasein ausbrechen, die Situation anpacken und sich unabhängig von ihrem Mann neue Tätigkeitsfelder suchen, um nicht daheim zu versauern. Ein schöner Abschluss für diese Sitzung. Die Karten prophezeiten ihr keine Trennung, sondern eine überraschende und positive Wende in ihrem Leben.

Beispiel 3: Frisch getrennt

Folgender Fall hat sich schon vor längerer Zeit zugetragen. Ich saß gemütlich am Frühstückstisch, las die Zeitung und schlürfte meinen Kaffee, da klingelte es stürmisch an der Tür. Nanu, dachte ich, wer kann das denn schon am frühen Morgen sein? Ich ging zur Tür, und vor mir stand ein Häufchen Elend namens Rike. Rike ist eine Stammklienten von mir. Normalerweise halte ich keine Beratungen ohne vorherigen Termin ab, aber an diesem Morgen machte ich eine Ausnahme. Rike war völlig aufgelöst und fix und fertig mit den Nerven und ich ahnte schon warum. Ich bat sie herein, gab ihr einen Kaffee, und sie setzte sich zu mir in die Küche. Zu essen wollte sie nichts. Wie auch? Sie hatte Liebeskummer!

Rike war sehr ungeduldig. So gab ich ihr die Karten und forderte sie auf, sie zu mischen und zwei Karten zu ziehen. Es waren Der Sarg (Ende, Abbruch) und Der Ring (Bindungswille).

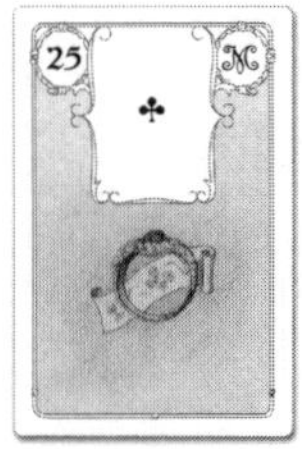

Da ja die erste Karte für ihren Freund stand, war klar, dass er die Beziehung beendet bzw. das Ende schon im Kopf hatte. Rike hingegen hatte mit dem Ring gänzlich anderes im Sinn: Sie wollte an der Partnerschaft festhalten. In Kombination gedeutet bedeuten Der Sarg und Der Ring aber, dass eine Bindung beendet wird, denn die positive Aussage der Karte Der Ring wird vom Sarg aufgehoben, denn er steht für Ende oder Abbruch. Rike bestätigte dies. Bernd habe am vorigen Abend aus heiterem Himmel mit ihr Schluss gemacht, und sie wisse nicht einmal warum, schien doch bis zu diesem Zeitpunkt immer alles in bester Ordnung gewesen zu sein. »Liebt er mich denn gar nicht mehr?«, war Rikes vordringlichste Frage. Schnell mischte sie noch einmal die Karten, zog zwei und übergab sie mir. Es waren Die Sense (Gefahr) und Das Herz (Liebe).

Naja, dachte ich mir, der junge Mann scheint also mit der Sense schon mit irgendwas abgeschlossen zu haben, während Rike mit dem Herz noch sehr an ihm hing. In Kombination ergeben diese beiden Karten die Aussage, dass eine Liebe in Gefahr ist, was aber nicht zwangsläufig zu einer endgültigen Trennung führen muss. Mir schien, dass es sich hier mehr um eine Unsicherheit in Bezug auf Rike drehte, und die Sense bestätigte auch eine gewisse Aggression ihr gegenüber. Ja, sagte sie, Bernd habe sich in letzter Zeit verändert, hatte sie häufig provoziert, damit sie aggressiv reagierte. Dies scheint eine Verhaltensweise von Menschen zu sein, die sich von ihrem Partner trennen wollen, aber einen triftigen Grund dafür suchen. Denn wenn der andere immer aggressiver wird, trennt er sich vielleicht irgendwann von sich aus – oder man hat endlich einen Anlass, sich zu verabschieden: Der Partner oder die Partnerin war ja so streitsüchtig in letzter Zeit! Gleichzeitig spricht Die Sense aber auch für eine gewisse Aktualität, denn man schneidet mit ihr ja in einem Streich etwas ab. Ich vermutete, dass Rike Bernd eine emotionale Show geliefert, sich ihm vielleicht vor die Füße geworfen und darum gebettelt hatte, dass er sie doch bitte nicht verlassen solle. Rike erzählte, dass es genauso gelaufen war. Sie hatte sich also vor ihrem Freund erniedrigt und schwach und klein gezeigt.

Nun gut, das Kind war in den Brunnen gefallen. Nun galt es zu retten, was zu retten war. Rike wollte wissen, warum er Schluss gemacht hatte. Wir befragten die Karten ein drittes Mal, um zu sehen, was ihn gedanklich bewegte. Sie zog Die Schlange und Das Buch. Oje, dachte ich mir: Es gibt eine Nebenbuhlerin (Schlange), und Rike ist ahnungslos (Buch).

Sie sollte das natürlich auch nicht wissen, wie aus der Kombination DIE SCHLANGE – DAS BUCH ersichtlich ist. Es musste sich zwar dabei nicht um etwas Ernstes handeln, aber immerhin machte ihn die zweite Frau unsicher. Ich erzählte Rike von meinem Verdacht, und sie erwiderte, sie habe davon wirklich nichts bemerkt. Dann fing sie an zu überlegen, und ihr fiel ein, dass die Bedienung in ihrem Stammlokal immer besonders nett zu Bernd gewesen war, zu ihr jedoch immer auffallend unfreundlich. Vielleicht war es diese Frau? Letztendlich spielte es keine Rolle, um welche Person es sich handelte, Rike war dieser neuen Situation ausgeliefert, liebte Bernd noch und wollte die Beziehung retten. Was konnte sie tun, um ihn wieder zurückzuerobern? Sie mischt ein weiteres Mal die Karten, um eine Karte zu ziehen und den Rat des Orakels zu erfragen. Es war DER TURM.

Der Turm rät ihr zum Rückzug. Wollte sie sich also wieder interessant machen, dann durfte sie Bernd auf keinen Fall mit SMS, Anrufen oder E-Mails voller Liebesbekundungen überschwemmen, denn genau das würde ihn noch weiter dazu treiben, sich von ihr zurückzuziehen, weil sie ihn früher oder später nerven würde.

Außerdem hilft loslassen natürlich auch der eigenen Seele, sich zu erholen und wieder zu sich zu kommen. Insgesamt ist es daher auch wichtig, eine Zeit lang die gemeinsamen Stammlokale zu meiden und sich grundsätzlich nicht mehr ins Leben des Anderen einzumischen.

Und so viel war sicher: Bernd musste sich schon richtig was überlegen, um Rike zurückzugewinnen – sofern er das wollte.

Zurück zu Rikes aktueller Situation. Zum Schluss wollte sie noch wissen, ob sich der Spuk auflösen würde, wenn sie sich so verhielt. Sie mischte wieder die Karten und zog zuerst den Ring, danach Die Wolken.

Das hieß: Würde sie durchhalten und wirklich loslassen, würde Bernd die Bindung wieder wollen. Dies verriet uns Der Ring, der ja für »Bindungswille« steht, und diesmal eben in Bezug auf Bernd. Bei Rike würden sich die Unklarheiten verziehen, denn Die Wolken liegen mit der hellen Seite zum Ring. Auch bei Bernd würde sich dieser »Nebel« auflösen, und er würde erkennen, dass Rike eben doch die Beste für ihn war. Ihre Zurückhaltung würde jedenfalls belohnt werden.

Anmerkung: Bernd ist tatsächlich zurückgekommen, allerdings wollte Rike ihn dann nicht mehr haben. Sie ist mittlerweile mit einem anderen Mann glücklich verheiratet.

Methoden für Singles

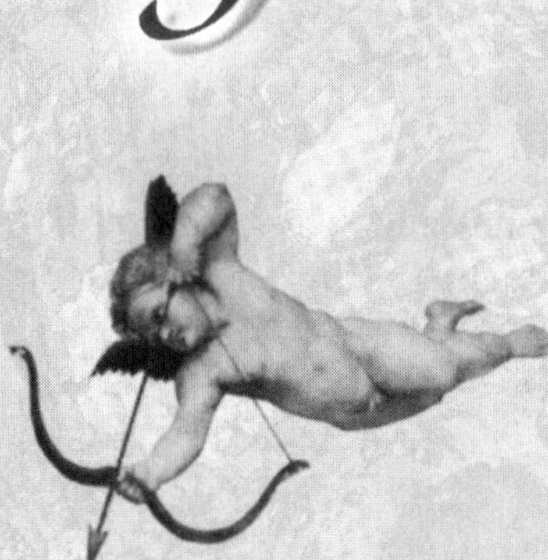

Die große Tafel

Sie können Ihre Neugier in Bezug auf eine potenzielle Beziehung nicht zügeln? Sie möchten jetzt sofort wissen, wer Ihr neuer Partner wird bzw. was für ein Typ er oder sie ist? Dann ist die große Tafel das richtige für Sie. Zur Zeit unserer Eltern sah das mit der Partnerschaft noch ein wenig anders aus. Da waren lebenslange Bündnisse noch an der Tagesordnung und Lebensabschnittsgefährten gar kein Thema. Doch heute taucht die Frage nach dem/der »Nächsten« nicht selten alle paar Jahre oder gar Monate auf.

Die Legung, die ich Ihnen hier vorstellen möchte, trägt dem Rechnung und gewährt Ihnen einen detaillierten Ausblick auf Ihre nächste Begegnung: Wie in einer Vorschau können Sie den zukünftigen Partner vor Ihrem geistigen Auge erstehen lassen. Wenn Sie also an einen Neuanfang denken oder das Single-Dasein einfach satt haben, schauen Sie doch einfach mal in die Karten. Sie werden Ihnen offenbaren, was oder besser wer Sie in nächster Zeit erwartet.

Die große Tafel ist eine denkbar einfache Methode. Sie benötigen dazu alle 36 Karten, die Sie in vier Reihen à neun Karten auslegen. Jede einzelne der 36 Positionen steht unter einem bestimmten Thema, das von vornherein festgelegt ist. So können Sie eine noch unbekannte Person auf ihre persönlichen Eigenschaften und Merkmale hin abklopfen. Einzig die Frage, wann Sie sie treffen werden, wird hier nicht beantwortet. Auf Zeitfragen können Sie mit den Techniken aus dem Buch *Lenormand Schicksals-Timer* exakte Antworten finden.

Betrachten Sie die Themenvorgabe als eine Art Schablone, die unsichtbar unter der Kartentafel liegt. Die vier Sektoren (ein Sektor = eine Reihe) sind in die Bereiche Körper, Geist, Seele und Schicksal unterteilt.

Ein Beispiel: Das erste Thema ist die »Statur« der Person, die Sie kennen lernen werden. Ziehen Sie also als erste Karte den TURM, so können Sie im Anhang ablesen, dass es sich bei dieser Person um jemanden von schlanker Gestalt handelt.

So lesen Sie dann auch die übrigen Attribute einfach im Anhang (ab Seite 215) ab. Es empfiehlt sich, Notizen zu machen!

Die 36 Themen

1. Reihe – Körper:
Position 1: Statur
Position 2: Haarfarbe
Position 3: Haarlänge
Position 4: Aussehen allgemein
Position 5: Alter
Position 6: Brille/Kontaktlinsen
Position 7: Größe
Position 8: Bart
Position 9: Kleidung

2. Reihe – Geist:
Position 10: Musik
Position 11: Sprachen
Position 12: Literatur
Position 13: Wirkung nach außen
Position 14: Ausbildung
Position 15: Beruf
Position 16: Finanzen/Gibt Geld aus für …
Position 17: Bildung/Interessen
Position 18: Hobbys

3. Reihe – Seele:
Position 19: Raucher/Nichtraucher
Position 20: Kulinarisches
Position 21: Charakterlicher Nachteil
Position 22: Reisen/Unternehmungen
Position 23: Tiere
Position 24: Erotik und Leidenschaft
Position 25: Charakterlicher Vorzug
Position 26: Einrichtungsstil/Geschmack
Position 27: Alkohol

4. Reihe – Schicksal:
Position 28: Partnerschaft
Position 29: Vergangene Beziehungen
Position 30: Familienstand
Position 31: Ort des Kennenlernens
Position 32: Kinder
Position 33: Unausgesprochenes
Position 34: Freunde
Position 35: Krankheiten
Position 36: Seelische Belastung

Vorgehensweise

Mischen Sie die 36 Lenormand-Wahrsagekarten gut durch, während Sie sich auf den zukünftigen Partner bzw. die nächste Bekanntschaft konzentrieren. Stellen Sie sich dabei kein bestimmtes Gesicht vor, sondern eher eine männliche oder weibliche verschwommene Hülle, damit Sie sich Ihren Traumprinzen oder Ihre Traumfrau nicht schon gedanklich zurechtzimmern. Sie ersparen sich dadurch Enttäuschungen.

Legen Sie dann die große Tafel mit vier Reihen zu neun Karten aus.

1	2	3	4	5	6	7	8	9
Statur	Haarfarbe	Haarlänge	Aussehen allgemein	Alter	Brille/Kontaktlinsen	Größe	Bart	Kleidung

10	11	12	13	14	15	16	17	18
Musik	Sprachen	Literatur	Wirkung nach außen	Ausbildung	Beruf	Finanzen/Gibt Geld aus für …	Bildung/Interessen	Hobbys

19	Raucher/Nichtraucher
20	Kulinarisches
21	Charakterlicher Nachteil
22	Reisen/Unternehmungen
23	Tiere
24	Erotik und Leidenschaft
25	Charakterlicher Vorzug
26	Einrichtungsstil/Geschmack
27	Alkohol
28	Partnerschaft
29	Vergangene Beziehungen
30	Familienstand
31	Ort des Kennenlernens
32	Kinder
33	Unausgesprochenes
34	Freunde
35	Krankheiten
36	Seelische Belastung

Eine Beispiellegung erübrigt sich hier. Versuchen Sie einfach Ihr Glück, indem Sie die große Tafel auslegen und die Eigenschaften Ihres/Ihrer Zukünftigen im Anhang nachlesen!

Hinweis: Bitte lesen Sie unbedingt die allgemeinen Hinweise zum Umgang mit den Kombinationen im Anhang (Seite 214). Sonst wundern Sie sich am Ende, dass Ihre Zukünftige einen Bart tragen soll oder warum sich manche Aussagen wiederholen.

Direktziehung persönliche Merkmale

Wenn Sie sich nur für bestimmte Eigenschaften eines potenziellen Partners interessieren, empfehle ich Ihnen die folgende Ziehung als Alternative zur großen Tafel. Sie arbeitet mit den »persönlichen Merkmalen«, die Sie jeweils als zweite Rubrik bei den Einzelaussagen und Deutungen der Lenormand-Karten (Seiten 38 bis 165) finden.

Wie schon im Einführungskapitel erwähnt sind diese Merkmale in folgende Bereiche unterteilt:

- Aussehen (16 Karten; nochmals unterteilt in: Haarfarbe, Haarlänge, Statur, Größe und Sonstiges)
- Charaktereigenschaften (8 Karten)
- Vorlieben und Gewohnheiten (3 Karten)
- Alter (5 Karten)
- Beruf (4 Karten)

Vorgehensweise

Zuerst werden die Karten den fünf Oberbegriffen gemäß in verschiedene Kartenstapel sortiert:

1. Aussehen:
Stapel 1 für Haarlänge: Die Rute, Die Mäuse, Der Brief
Stapel 2 für Haarfarbe: Die Schlange, Der Fuchs, Die Sterne, Der Hund
Stapel 3 für Statur: Der Bär, Der Turm, Der Berg, Das Kreuz
Stapel 4 für Körpergröße: Der Herr, Die Dame
Stapel 5 für Sonstiges: Der Reiter, Der Ring, Der Schlüssel

2. Charaktereigenschaften:
Der Klee, Das Schiff, Die Blume, Die Sense, Die Eulen, Die Störche, Das Herz, Die Sonne
3. Vorlieben und Gewohnheiten:
Das Haus, Die Wolken, Die Fische
4. Alter:
Der Baum, Das Kind, Die Wege, Die Lilie, Der Mond
5. Beruf:
Der Sarg, Der Park, Das Buch, Der Anker

Nun mischen Sie jeden einzelnen Stapel für sich gut durch und breiten einen nach dem anderen vor sich aus, ohne sie durcheinander zu bringen.

Ziehen Sie dann aus den ersten fünf Stapeln (Haarlänge, Haarfarbe, Statur, Körpergröße, Sonstiges) je eine Karte, aus dem zweiten (Charaktereigenschaften) drei Karten, welche die herausragendsten Merkmale repräsentieren. Aus dem Stapel für die Vorlieben können Sie wahlweise eine oder zwei Karten ziehen, je nachdem wie die Aussage für die erste Karte ausfällt. Ziehen Sie Das Haus, dann haben Sie schon die vollständige Aussage, denn Das Haus steht für »kein bis wenig Alkohol« *und* für »Nicht- bis Gelegenheitsraucher«. Ziehen Sie stattdessen Die Wolken (Raucher), dann möchten Sie vielleicht wissen, ob die Person neben dem Rauchen noch weitere Laster hat, das heißt Sie müssen in diesem Fall noch eine weitere Karte ziehen, um herauszufinden, ob diese Person auch noch Alkohol mag oder nicht. Die Fische bestätigen den Alkoholgenuss, ziehen Sie aber dann wieder Das Haus, wird die Aussage verneint.

Aus den letzten beiden Stapeln, welche die Themen »Alter« und »Beruf« abdecken, ziehen Sie dann noch jeweils eine Karte. Sie sollten schließlich insgesamt elf oder zwölf Karten gezogen haben. Die Aussagen lesen Sie dann bei den

Einzelaussagen und Deutungen der Lenormand-Karten (Seiten 38 bis 165) jeweils unter »persönliches Merkmal« ab. Und schon haben Sie eine Idee, wer denn da demnächst auf Sie zukommen wird.

Ziehung fürs erste Date oder Rendezvous

Es steht ein Blind Date bevor, und Sie würden gern in Erfahrung bringen, wie es verlaufen wird? Sagt Ihnen diese noch unbekannte Person zu, entwickelt sich eine heitere oder eher eine angestrengte Konversation? Diese Ziehung verrät etwas über den Ablauf und den Ausgang des Rendezvous.

Sollte sich Ihre Begleitung beispielsweise unnahbar und cool geben, so haben Sie vielleicht via Lenormand-Ziehung schon herausgefunden, dass es hinter den Kulissen ganz anders aussieht. Sie sind so nicht unvorbereitet und können dem Treffen ganz entspannt entgegensehen.

Vorgehensweise

Für diese Methode benötigen Sie insgesamt drei Karten. Mischen Sie das Deck zuerst konzentriert durch, und fächern Sie es dann verdeckt vor sich auf dem Tisch aus. Ziehen Sie nun eine Karte. Sie zeigt den Verlauf des Treffens aus Ihrer Sicht und welche Stimmung dabei vorherrschen wird. Die Aussage hierfür lesen Sie bei den Einzelaussagen und Deutungen der Lenormand-Karten (Seiten 38 bis 165) unter der Rubrik »Wie wird das Treffen?« und hier »Ich« ab.

Stecken Sie dann die Karte wieder zurück in den Stapel, mischen Sie erneut, und ziehen Sie eine weitere Karte. Diese betrifft das Treffen aus Sicht Ihrer Begleitung. Wie wirken Sie auf Ihr Gegenüber, was denkt und empfindet er oder sie? Die Aussage entnehmen Sie der gleichen Rubrik, allerdings unter dem Stichwort »Er/sie«.

Wiederholen Sie das Procedere ein letztes Mal: Stecken Sie die Karte zurück, mischen Sie erneut, fächern Sie die Karten verdeckt auf dem Tisch aus und ziehen Sie die dritte Karte, mithilfe derer Sie den Zukunftstrend ermitteln. Bei den Einzelaussagen unter dem Themenpunkt »Was bringt die Zukunft?« und hier unter »Singles« können Sie die Antwort nachlesen.

Eventuell entfällt die Ziehung der letzten Karte, nämlich wenn Ihnen die ersten beiden Karten bereits negative Aussagen beschert haben. Dann erübrigt sich logischerweise jede weitere Prognose. Ziehen Sie aus Jux und Tollerei dennoch eine dritte Karte, wundern Sie sich nicht über eine widersprüchliche Antwort. Warum das Orakel die ersten Antworten nicht noch einmal bestätigt? Weil Sie die Aussagen der ersten beiden Karten nicht ernst genommen haben. Lesen Sie dazu auch »Das Liebesorakel lässt sich nicht testen!« auf Seite 21.

Noch eine Anmerkung: Wenn Ihnen das zu aufwändig ist, müssen Sie die gezogenen Karten nicht immer wieder zurückstecken und erneut mischen. Allerdings bekommt beim Zurückstecken jede Karte die Chance, ein weiteres Mal gezogen zu werden. Das ist wichtig, wenn Sie ein unverfälschtes Ergebnis haben möchten.

Methoden für Paare

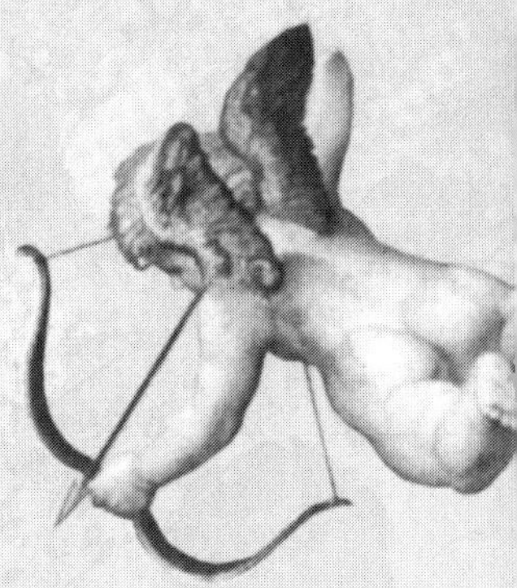

Die kleine Tafel

Die kleine Tafel verrät Ihnen, was in Ihrem Partner bewusst und unbewusst vorgeht. Dieses System unterscheidet sich von der kleinen Tafel für Singles, da die Thematiken von den klassischen Einzelaussagen (siehe *Die Sibylle der Salons*) abgeleitet wurden.

Leider kommt es vor, dass ein Partner unzufrieden ist und einen das spüren lässt. Gern würden wir in Erfahrung bringen, was mit unserem Gefährten los ist, doch oft hüllt sich der in Schweigen – auch dann, wenn man ihn konkret nach seinen Gefühlen und Ängsten, Hoffnungen und Wünschen fragt. Aus Verlustangst oder aufgrund schlechter Erfahrungen in der Vergangenheit kann es passieren, dass wir den Partner falsch einschätzen und daher falsch oder unangemessen auf sein Verhalten reagieren. So machen wir eventuell mehr kaputt als ganz, oder wir beißen uns an etwas fest, das vielleicht gar nicht der Rede wert ist. Natürlich kann es auch sein, dass wir an einer Beziehung festhalten, die schon so zerrüttet ist, dass nichts mehr zu retten ist.

Die folgende Methode schafft Klarheit, indem Sie Ihnen verrät, welche innere Einstellung Ihr Partner hat, wie seine wahren Gefühle aussehen, welche Prioritäten er im Leben setzt – die nicht immer mit der Partnerschaft zu tun haben müssen –, außerdem seine Ängste und Hoffungen. So hört das Rätselraten auf, und Sie können sich besser mit Ihrem Partner auseinander setzen und konstruktive Lösungen anstreben. Vielleicht wird auch einfach nur Ihre Liebe bestätigt, während Bedenken zerstreut werden, und Sie dürfen sich auf einen langen Weg mit dem Herzensmann oder der Herzensfrau an Ihrer Seite freuen.

Vorgehensweise

Für die kleine Tafel benötigen Sie 18 Karten. Jede Position ist einer bestimmten Thematik zugeordnet (siehe Liste Seite 201).

Im Folgenden beschreibe ich die erste Variante der kleinen Tafel, bei der die Karten der Reihe nach gezogen werden (zweite Variante siehe unten). Sie konzentrieren sich dabei voll auf Ihren Partner, mischen die Karten durch, fächern sie vor sich auf dem Tisch aus und ziehen dann der Reihe nach 18 Karten. Diese legen Sie als kleine Tafel in drei Reihen zu sechs Karten eine nach der anderen aus.

Die verbleibenden 18 Karten können Sie durch einzelne Ziehungen zusätzlich zurate ziehen, indem Sie nach Wunsch das eine oder andere Thema noch einmal abklopfen. Die zusätzliche Aussage mag dabei die erste erklären oder erweitern. Sie können alle übrig gebliebenen 18 Karten verwenden, jedoch nur eine Karte pro Thema.

Bei der zweiten Variante der kleinen Tafel mischen Sie das Deck wie gewohnt durch und legen dann die einzelnen Karten direkt aus der Hand vom Kartenstapel auf die 18 Positionen. Benötigen Sie dann noch Zusatzkarten, nehmen Sie jeweils die oberste Karte des Stapels auf.

Die einzelnen Deutungen entnehmen Sie bitte dem Anhang ab Seite 217.

1	Reisen/Unternehmungen
2	Hoffnungen
3	Sehnsüchte
4	Geborgenheit
5	Gesundheit/Krankheit
6	Ängste
7	Missverständnisse/Widersprüchliches
8	Unausgesprochenes/Geheimnisse
9	Gefühlswelt/Bindungsfähigkeit
10	Spontaneität/Entscheidungen
11	Kommunikation
12	Stress-Faktor

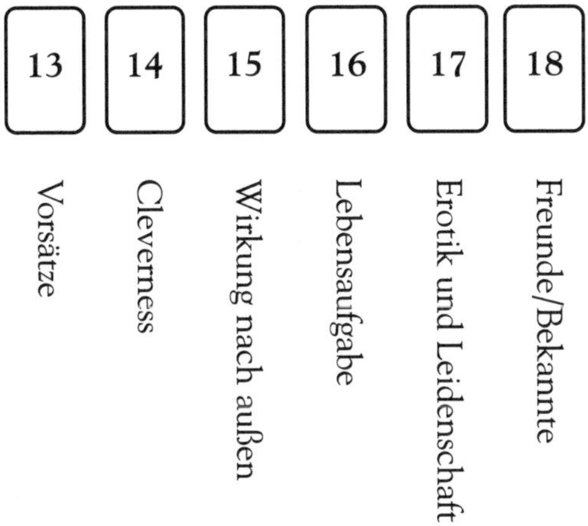

Die 18 Themen

Position 1: Reisen/Unternehmungen
Position 2: Hoffnungen
Position 3: Sehnsüchte
Position 4: Geborgenheit
Position 5: Gesundheit/Krankheit
Position 6: Ängste
Position 7: Missverständnisse/Widersprüchliches
Position 8: Unausgesprochenes/Geheimnisse
Position 9: Gefühlswelt/Bindungsfähigkeit
Position 10: Spontaneität/Entscheidungen
Position 11: Kommunikation
Position 12: Stress-Faktor
Position 13: Vorsätze
Position 14: Cleverness
Position 15: Wirkung nach außen
Position 16: Lebensaufgabe

Position 17: Erotik und Leidenschaft
Position 18: Freunde/Bekannte

Beispiellegung

Larissa ist 42 Jahre alt und verzweifelt, weil sich ihr Mann Luis seit mehreren Wochen merkwürdig verhält. Geplante Geschäftsreisen hat er abgesagt, zu Treffen mit Freunden geht er nur noch sporadisch mit; er wirkt introvertiert, ist übellaunig und kaum gesprächig. Larissa möchte nun wissen, was dahintersteckt und ob sie sich ernsthaft Sorgen machen muss. Diese kleine Tafel hat sie gelegt:

Die Karten bedeuten Folgendes:

1. Reisen/Unternehmungen – Die Fische: sieht Reisen als Pflicht
2. Hoffnungen – Die Schlange: eine Rivalin/einen Rivalen abschütteln können
3. Sehnsüchte – Die Dame: wünscht sich mehr Menschenkenntnis
4. Geborgenheit – Das Buch: träumt und wünscht sich mehr Zweisamkeit
5. Gesundheit/Krankheit – Die Eulen: durch Hektik und Stress eventuell Hörorgane angegriffen (Tinnitus); Bluthochdruck
6. Ängste – Der Berg: Angst vor dem Versagen (allgemein)
7. Missverständnisse/Gegensätzliches – Der Sarg: grundsätzlich positiv eingestellt
8. Unausgesprochenes/Geheimnisse – Die Lilie: mag kostenpflichtige Verbalerotik oder flirtet im Internet
9. Gefühlswelt/Bindungsfähigkeit – Der Ring: die Ehe ist die Krönung
10. Spontaneität/Entscheidungen – Die Wolken: lässt sich ungern aus der Routine entführen
11. Kommunikation – Die Sonne: rechthaberisch
12. Stress-Faktor – Die Sense: Zahnarztbesuche und Ärzte im Allgemeinen
13. Vorsätze – Der Mond: die Nacht zum Tag zu machen, weniger spießig leben
14. Cleverness – Die Mäuse: hat Geld, präsentiert sich aber arm
15. Wirkung nach außen – Der Brief: adrett, gepflegt, unnahbar
16. Lebensaufgabe – Das Herz: die Welt erleben und sich amüsieren

17. Erotik und Leidenschaft – Das Kind: erste Versuche auf dieser Ebene dürften wohl etwas holprig gewesen sein, doch die Neugierde treibt diesen Menschen dazu, Erfahrungen zu sammeln
18. Freunde/Bekannte – Der Klee: hat einen sehr guten Freund/eine sehr gute Freundin, nur wenige Bekannte

Resümee: Larissa muss sich wohl keine Sorgen um ihre Ehe machen. Luis scheint Stress im Beruf zu haben, offensichtlich gibt es dort Konkurrenz, und er wünscht sich, dass er durch mehr Menschenkenntnis nicht auf diesen Rivalen/diese Rivalin hereingefallen wäre. Selbsterkenntnis ist ja bekanntlich der erste Weg zur Besserung. Denn die Karten sagen auch, dass Luis rechthaberisch und somit wohl nicht unschuldig an der Situation ist.

Dass er sich Damen im Internet anguckt, weiß Larissa. Sie ist überzeugt, dass das für Pep in ihrem Liebesleben sorgt. Gleichzeitig gibt ihr die kleine Tafel Anregungen, wie sie Luis zu mehr Lebensfreude verführen kann, auch wenn er sich nur schwer aus der Routine entführen lässt. Unter »Lebensaufgabe« ist nachzulesen, was Luis lernen oder verwirklichen sollte: die Welt erkunden und dabei Spaß haben. Und schließlich lässt sein gestresstes, müdes Verhalten darauf schließen, dass er eine Auszeit gut brauchen könnte.

Ziehung Partnerschaftsvergleich

Passt mein aktueller Partner überhaupt zu mir? Ist nur vorübergehend der Wurm drin, grundsätzlich aber alles in Ordnung? Oder ist es vielleicht umgekehrt, und es gibt nur subjektive Übereinstimmungen, während man sich wundert, dass ansonsten in der Partnerschaft nichts geht?

Diese Ziehung entschlüsselt, in welchem Bereich die Beziehung scheitert, oder bestätigt Sie darin, dass Sie den idealen Partner an Ihrer Seite haben. Kleinere Defizite lässt sie schon im Ansatz erkennen, sodass Sie rechtzeitig mögliches Unheil abwenden können.

Wenn Sie generell unsicher sind, ob Ihr Partner die gleichen Gefühle für sie hegt, oder den Eindruck haben, an einem Scheideweg zu stehen, so erleichtert dieses System Ihre Entscheidungen bzw. beleuchtet Aspekte Ihrer Beziehung, die Sie bislang vielleicht falsch eingeschätzt haben.

Vorgehensweise

Um ein unverfälschtes Ergebnis zu erzielen, empfiehlt es sich, die jeweils gezogene Karte wieder in das Kartendeck zurückzustecken, um dann die nächste Karte zu ziehen. So hat jede Karte die Möglichkeit, wiederholt aufzutauchen. Diese Vorgehensweise ist aber keine Bedingung, denn in jeder Karte steckt die Wahrheit!

Mischen Sie die Karten gut durch, und konzentrieren Sie sich auf den aktuellen Stand der Partnerschaft. Fächern Sie die Karten verdeckt vor sich auf dem Tisch aus, und ziehen Sie zunächst eine Karte für sich selbst. Diese Karte offenbart, wie es Ihnen in der aktuellen Beziehung geht. Natürlich wissen

Sie das selbst am besten, aber manchmal braucht man Bestätigung, manchmal auch eine objektivere Sichtweise. Die Interpretation dieser Karte erhalten Sie dann bei den Einzelaussagen und Deutungen der Lenormand-Karten (Seiten 38 bis 165) unter der Rubrik »Ist-Zustand der Partnerschaft« und hier unter »Ich«.

Nun wiederholen Sie den Vorgang, und ziehen Sie eine zweite Karte für Ihren Partner. Diese Karte verrät, wie Ihr Partner die Bindung sieht, wie es ihm geht und was seine Motive sind. Lesen Sie dazu die gleiche Rubrik – »Ist-Zustand der Partnerschaft« –, allerdings unter dem Stichwort »Partner«.

Zum Schluss ermitteln Sie noch Ihre eigene bzw. Ihre gemeinsame Zukunft. Dafür wiederholen Sie die Prozedur des Zurücksteckens, Mischens, Auslegens und Ziehens ein letztes Mal. Die Prognose erfahren Sie dann unter der Rubrik »Was bringt die Zukunft?«, Stichwort »Paare«. Sind Sie mit dem Ergebnis unzufrieden, dann empfehle ich zusätzlich die Ziehung »Ratschlag«.

Ziehung Ratschlag

Sie fühlen sich hilf- und machtlos? Sie wissen nicht, wie Sie die bestehende Beziehungssituation wieder ins Lot bringen könnten? Oder Sie brauchen einfach generell eine Anregung, um wieder klar denken zu können und dann – ganz für sich allein oder mit Ihrem Partner – wieder voll durchstarten zu können? Der Ratschlag bietet Ihnen Lösungen an, die sich direkt auf die Partnerschaft beziehen und manchmal auch nur auf Sie. Hier finden Sie allgemeine Hilfestellungen, oder es sollen Ihnen die Augen geöffnet werden, damit Sie die Lage erkennen und aus einer vielleicht verfahrenen Situation wieder herausfinden.

Der Ratschlag verschafft Ihnen Einblicke in die eigene Psyche, ebenso wie in die Ihres Partners. Eine Karte genügt – und Sie können Ihrem Glück auf die Sprünge helfen.

Vorgehensweise

Hier gibt es nicht allzu viel zu erklären. Sie mischen die Karten, konzentrieren sich dabei auf die Frage, die Sie beschäftigt, fächern die Karten verdeckt vor sich auf dem Tisch aus und ziehen dann eine Karte. Was sie Ihnen sagen will, erfahren Sie unter der Rubrik »Ratschlag« bei den Einzelaussagen und Deutungen der Lenormand-Karten (Seiten 38 bis 165).

Specials

Zum Schluss erwarten Sie noch zwei besondere Ziehungen, die es in dieser Form wohl noch nicht gegeben hat. Mit der ersten ist eine eine Direktanalyse einer Partnerschaft mit nur zwei Karten möglich. Die zweite ist Ihnen ein wertvoller Ratgeber für Menschen, die oft nicht genau wissen, was sie bei welcher Gelegenheit anziehen sollen.

Der direkte Schnellvergleich ist zu jeder Zeit und überall durchführbar. Stellen Sie sich vor, Sie sind mit einer Bekannten in einem Lokal, werden auf einen Mann aufmerksam, haben vielleicht Blickkontakt und würden gern wissen, ob er seinerseits Interesse an Ihrer Person hat. Flugs können Sie die Karten aus der Handtasche ziehen und herausfinden, ob es sich lohnt, den Anfang zu machen und das Gespräch zu suchen.

Der Modeguide wird Ihnen vielleicht bald ein treuer Begleiter sein, denn einfacher geht es wirklich nicht, das perfekte Outfit zu ermitteln.

Direkter Schnellvergleich

Wie bereits erwähnt eignet sich diese Ziehung für die besonders ungeduldigen Ratsuchenden unter Ihnen. Sie gibt schnell einen groben Trend preis, geht dabei aber nicht ins Detail. Dennoch erfahren Sie in aller Kürze und mit geringem Aufwand, was Sie bei einem Date oder bei einer Begegnung erwartet und wie die Person auf Sie reagieren wird.

Diese Ziehung können Sie bedingt auch auf schon bekannte Menschen und bestehende Partnerschaften anwenden, Sie müssen die Aussage dann nur entsprechend übertragen.

Vorgehensweise

Für diese Methode werden nur zwei Karten benötigt – eine für Sie und eine für die (unbekannte) Person, über die Sie etwas in Erfahrung bringen möchten. Mischen Sie wie immer alle Karten konzentriert durch, fächern Sie sie verdeckt vor sich aus und ziehen Sie dann eine Karte. Die erste Karte steht für Sie selbst. Anschließend stecken Sie die bereits gezogene Karte in den Kartenstapel zurück und wiederholen den Vorgang noch einmal. Die zweite Karte sagt dann etwas über Ihre Begleitung aus.

Die Prognose entnehmen Sie bitte den Einzelaussagen und Deutungen der Lenormand-Karten (Seiten 38 bis 165) unter der Rubrik »Partner-Schnell-Vergleich«, und – schwups – sind Sie schlauer und wissen, ob Sie einen Flop landen oder bald glücklich verlobt sind.

Was ziehe ich an?

Sie würden das hier nicht lesen, wenn es Ihnen nicht schon selbst passiert wäre: ein peinlicher Fauxpas in der Kleiderordnung. »Casual as usual« steht auf der Einladungskarte. Sie werfen sich in Jeans und Bluse oder Hemd und wundern sich, dass die meisten Gäste ein – wenn auch eher lässiges – Kostüm oder einen Anzug, allerdings ohne Krawatte, tragen. Für diese Leute ist das eben ihr Alltagsoutfit. Und unter »casual« verstehen sie eben etwas anderes, als man gemeinhin erwarten sollte. Peinlich, peinlich, wenn Sie dann in abgeschabter Jeans und T-Shirt auf der Party erscheinen.

Die Ziehung des Modeguides soll Sie vor solchen und ähnlichen Situationen bewahren, sodass Sie treffsicher die richtige Kleidung zum entsprechenden Anlass wählen können.

Trotzdem ein Warnhinweis: Lassen Sie grundsätzlich auch Ihren gesunden Menschenverstand walten, und bringen Sie den jeweiligen Anlass mit der Lenormand-Prognose in Einklang.

Vorgehensweise

Und noch einmal: Karten konzentriert mischen, auf dem Tisch verdeckt auffächern und eine Karte ziehen! Den Modetipp finden Sie bei den Einzelaussagen und Deutungen der Lenormand-Karten (Seiten 38 bis 165) unter der Rubrik »Modeguide«. Und bei Ihrem Date kann – jedenfalls was die Kleidung betrifft – nichts mehr schief gehen.

Anhang

Im Folgenden finden Sie:

- Alle Kombinationen für das Single-Kartenbild (etwa 1296 Aussagen)
- Alle Kombinationen für das Partner-Kartenbild (etwa 648 Aussagen)

Allgemeine Hinweise – bitte unbedingt beachten!

Damit Sie die Aussagen der Kombinationen auch nachvollziehen können, zunächst noch einige Anmerkungen.

- Einige Kombinationen ergeben sich von selbst, wie Sie rasch bemerken werden; andere wurden auf die jeweilige Thematik übertragen. Alle Kombinationsaussagen sind aufgrund meiner langjährigen Erfahrungen als professionelle Kartenlegerin entstanden.
- Bei den Kombinationen für die große Tafel für Singles finden Sie hier und da Anmerkungen, wie Sie Fehler vermeiden können bzw. zum besseren Verständnis.
- Sind Sie als Ratsuchender eine Frau (oder homosexuell), dann sind unter der Angabe Herr/Mann für Sie alle Aussagen relevant. Sind Sie hingegen ein Mann, der nach einer Frau forscht (oder lesbisch), so gelten alle Aussagen unter Dame/Frau.
- Bitte beachten Sie, dass sich manche Aussagen wiederholen können, zum Beispiel bei der Haarfarbe. Hier gibt es ja lediglich vier Grundfarben – Blond, Braun, Schwarz, Brünett und zusätzlich Grau. Deshalb kommen bestimmte Aussagen mehrfach vor. Ähnlich verhält es sich bei der

Haarlänge, jedoch habe ich hier teilweise zwischen Männern und Frauen unterschieden; wo nur eine Angabe gemacht wird, bezieht diese sich auf beide Geschlechter. Sie werden dieser Art von Wiederholungen also immer wieder begegnen. Das ist so gewollt und bei der Vielzahl an Aussagen auch gar nicht anders möglich. Am Ende werden Sie sehen, dass sich alles logisch und harmonisch ineinander fügt.

- Auch bei den Altersangaben gibt es Wiederholungen, und die Aussage steht immer im Verhältnis zur Rat suchenden Person. Nehmen wir zum Beispiel DAS HAUS. Hier finden Sie die Aussage »4 Jahre älter«. Sind Sie 38 Jahre alt, so wäre der zukünftige Partner also 42. Es gibt aber auch Aussagen, die nicht vom Alter des Ratsuchenden abhängig sind; beim BAUM finden Sie beispielsweise die Angabe »älter als 50 Jahre«.
- Beim Thema »Aussehen Allgemein« wird immer nur das herausragendste Merkmal genannt.
- Das Thema »Aussehen/Bart« bezieht sich natürlich nur auf Männer. Forschen Sie also nach einer Frau, so lassen Sie diese Rubrik bitte ganz einfach aus!
- Im Abschnitt »Kleidung« wird der Stil angesprochen, den die betreffende Person vorzugsweise trägt. Wenn hier also »Anzugträger« steht, heißt das beispielsweise nicht, dass dieser Mann keine Jeans im Schrank hat.
- Unter »Geist/Bildung« finden Sie unter anderem den Punkt »Sprachen«. Wenn dort mehrere Sprachen aufgeführt sind, muss das nicht heißen, dass die Person diese alle perfekt beherrscht – aber jedenfalls so, dass sie sich verständigen kann.
- Ähnliches gilt für die Rubrik »Ausbildung«; die einzelnen Ausbildungswege werden hier addiert, es sind also keine Oder-Aussagen. Bei den Berufen wurden die gängigsten

gewählt, das heißt der tatsächliche Job könnte auch »artverwandt« sein und muss nicht hundertprozentig den hier gemachten Angaben entsprechen.

- Unter der Rubrik »Gibt Geld aus für …« finden Sie eher Stichworte in Form von Schwerpunkten und keine exakten Angaben.
- Und zum Abschluss noch eine Anmerkung zum Punkt »Freunde«. Hier habe ich der Einfachheit halber grundsätzlich die männliche Form gewählt, aber natürlich kann genauso die Freundin gemeint sein.

Kombinationssaussagen für die große Tafel für Singles

1. Reihe – Körper:

Position 1: Statur

1 Der Reiter: sportlich
2 Der Klee: knabenhaft
3 Das Schiff: schlank und drahtig
4 Das Haus: vollschlank
5 Der Baum: drahtig
6 Die Wolken: insgesamt schlank, aber leichter Bauchansatz
7 Die Schlange: schlank, schmale Hüften, breite Schultern
8 Der Sarg: gedrungen
9 Die Blumen: athletisch
10 Die Sense: muskulös und drahtig
11 Die Rute: dürr
12 Die Eulen: dünn
13 Das Kind: zierlich
14 Der Fuchs: hager bis dürr
15 Der Bär: kräftig bis untersetzt
16 Die Sterne: weiblich, breite Hüften, aber sonst schlank
17 Die Störche: durchschnittlich
18 Der Hund: schlank, aber nicht trainiert
19 Der Turm: schlank, schmale Hüften
20 Der Park: kräftig
21 Der Berg: dickleibig
22 Die Wege: gertenschlank
23 Die Mäuse: asketisch
24 Das Herz: gut proportioniert

25 Der Ring: dick
26 Das Buch: dicke Beine, schlanker Oberkörper
27 Der Brief: breit gebaut, aber nicht dick
28 Der Herr: maskulin
29 Die Dame: feminin
30 Die Lilie: muskulös, trainiert
31 Die Sonne: guter Körperbau, ein paar Kilos zu viel
32 Der Mond: schmale Schultern, breites Becken
33 Der Schlüssel: dünne Beine, Bauchansatz
34 Die Fische: schwammig
35 Der Anker: stattlich
36 Das Kreuz: hager

Position 2: Haarfarbe

1 Der Reiter: Hellbraun
2 Der Klee: Hellrot
3 Das Schiff: Dunkelblond
4 Das Haus: Rotblond
5 Der Baum: Mahagoni
6 Die Wolken: Blond mit Grau
7 Die Schlange: Brünett bis Schwarz
8 Der Sarg: Pechschwarz
9 Die Blumen: auffällige Haarfarbe (Rot, Orange, Violett etc.)
10 Die Sense: Strohblond
11 Die Rute: Dunkelblond bis Hellbraun
12 Die Eulen: Braun
13 Das Kind: Hellbraun
14 Der Fuchs: Rotblond
15 Der Bär: Braun
16 Die Sterne: Grau
17 Die Störche: mehrfarbig (Strähnen)

18 Der Hund: Dunkelblond
19 Der Turm: Dunkelgrau
20 Der Park: Blond bis Dunkelblond
21 Der Berg: Dunkelblond mit Grau
22 Die Wege: Blond mit dunklen Strähnen
23 Die Mäuse: Dunkelblond mit Grau
24 Das Herz: Knallrot
25 Der Ring: Weißblond oder Grau
26 Das Buch: Gelbblond
27 Der Brief: Dunkelblond bis Braun
28 Der Herr: Dunkelbraun
29 Die Dame: Blond
30 Die Lilie: Schwarzmeliert
31 Die Sonne: Hellblond
32 Der Mond: Blond
33 Der Schlüssel: Dunkelblond
34 Die Fische: Dunkelblond
35 Der Anker: Lichtblond
36 Das Kreuz: Weißgrau

Position 3: Haarlänge

1 Der Reiter: Herr: kurz; Dame: lang
2 Der Klee: kurz
3 Das Schiff: Herr: kurz; Dame: mittellang
4 Das Haus: Herr: etwas länger; Dame: Dauerwelle, mittellang
5 Der Baum: Herr: kurz; Dame: Pagenschnitt
6 Die Wolken: Herr: schütteres Haar, geschickt zurechtfrisiert; Dame: dünnes bis lichtes Haar
7 Die Schlange: Herr: kurz; Dame: extrem lang
8 Der Sarg: kurz
9 Die Blumen: Herr: mittellang, im Nacken gewellt; Dame: lang

10 Die Sense: extrem kurz
11 Die Rute: lang
12 Die Eulen: kurz
13 Das Kind: Herr: kurz; Dame: mittelang
14 Der Fuchs: Herr: etwas länger; Dame: mittelang
15 Der Bär: Herr: kurz; Dame: mittellang
16 Die Sterne: Herr: kurz; Dame: lang
17 Die Störche: Herr: gelockt und/oder Pferdeschwanz; Dame: gelockt und/oder Zöpfe
18 Der Hund: Herr: etwas länger; Dame: mittellang
19 Der Turm: Herr: kurz; Dame: lang
20 Der Park: Herr: kurz; Dame: lang
21 Der Berg: kurz
22 Die Wege: Herr: mittellang; Dame: lang
23 Die Mäuse: sehr kurz
24 Das Herz: Herr: kurz; Dame: mittelang
25 Der Ring: Herr: kurz; Dame: Dauerwelle, eher kürzer
26 Das Buch: Herr: kurz und Geheimratsecken; Dame: mittellang
27 Der Brief: kurz
28 Der Herr: kurz
29 Die Dame: mittelang bis lang
30 Die Lilie: Herr: etwas länger; Dame: lang
31 Die Sonne: Herr: kurz; Dame: lang
32 Der Mond: kurz und glatt
33 Der Schlüssel: Herr: kurz; Dame: gelockt, mittellang
34 Die Fische: Herr: kurz; Dame: trägt gern Zöpfe
35 Der Anker: mittelang, gewellt oder gelockt
36 Das Kreuz: kurz

Position 4: Aussehen Allgemein

1 Der Reiter: gesunde Gesichtsfarbe

26 Das Buch: für Sie ein eher biblisches Alter
27 Der Brief: 35 – 45 Jahre
28 Der Herr: 3 Jahre älter
29 Die Dame: 3 Jahre jünger
30 Die Lilie: 40 – 50 Jahre alt
31 Die Sonne: 4 Jahre jünger
32 Der Mond: deutlich jünger (10 – 25 Jahre)
33 Der Schlüssel: gleiches Alter (± 1 Jahr)
34 Die Fische: bis zu 4 Jahre älter oder jünger
35 Der Anker: 5 Jahre älter
36 Das Kreuz: bis zu 15 Jahre älter

Position 6: Brille / Kontaktlinsen

1 Der Reiter: keine Brille
2 Der Klee: keine Brille
3 Das Schiff: Lesebrille
4 Das Haus: Lesebrille
5 Der Baum: Lesebrille
6 Die Wolken: Brillen-/Kontaktlinsenträger
7 Die Schlange: Brillen-/Kontaktlinsenträger
8 Der Sarg: Brillenträger
9 Die Blumen: keine Brille
10 Die Sense: keine Brille
11 Die Rute: keine Brille
12 Die Eulen: starke Sehhilfe
13 Das Kind: keine Brille
14 Der Fuchs: Kontaktlinsen
15 Der Bär: zeitweise Brille
16 Die Sterne: keine Brille
17 Die Störche: keine Brille
18 Der Hund: zeitweise Brille

19 Der Turm: Lesebrille
20 Der Park: Kontaktlinsen (zeitweise)
21 Der Berg: Brillenträger
22 Die Wege: keine Brille
23 Die Mäuse: Lesebrille
24 Das Herz: keine Brille
25 Der Ring: Brillenträger
26 Das Buch: Lesebrille
27 Der Brief: Lesebrille
28 Der Herr: keine Brille
29 Die Dame: keine Brille
30 Die Lilie: trägt oft Sonnenbrille oder getönte Brille
31 Die Sonne: trägt häufig Sonnenbrille
32 Der Mond: keine Brille
33 Der Schlüssel: keine Brille
34 Die Fische: Brillenträger (zeitweise)
35 Der Anker: Brillenträger (zeitweise)
36 Das Kreuz: Brillenträger von Kindheit an

Position 7: Größe

1 Der Reiter: Herr: etwas größer; Dame: etwas kleiner
2 Der Klee: Herr: gleich groß; Dame: bis zu 10 cm kleiner
3 Das Schiff: Herr: ab 1,90 m; Dame: ab 1,80 m
4 Das Haus: Herr: 1,75–1,85 m, Dame: 1,63–1,69 m
5 Der Baum: Herr: angenehm größer; Dame: fast gleich groß
6 Die Wolken: Herr: 5–7 cm größer; Dame: 5–7 cm kleiner
7 Die Schlange: Herr: bis zu 15 cm größer; Dame: bis zu 15 cm kleiner
8 Der Sarg: Herr: kleiner als der Ratsuchende; Dame: größer als der Ratsuchende
9 Die Blumen: Herr: 8–12 cm größer; Dame: 8–12 cm kleiner

10 Die Sense: gleich groß
11 Die Rute: Herr: 5–15 cm größer; Dame: gleich groß
12 Die Eulen: Herr: etwas größer als der Ratsuchende; Dame: etwas kleiner als der Ratsuchende
13 Das Kind: Herr: gleich groß; Dame: deutlich kleiner als der Ratsuchende
14 Der Fuchs: Herr: mehr als 15 cm größer; Dame: mehr als 15 cm kleiner
15 Der Bär: Herr: über 1,95 m; Dame: über 1,80 m
16 Die Sterne: Herr: etwas größer (1–5 cm); Dame: etwas kleiner (1–5 cm)
17 Die Störche: Herr: kleiner als der Ratsuchende; Dame: größer als der Ratsuchende
18 Der Hund: Herr: 1,75–1,85 m; Dame: 1,65–1,72 m
19 Der Turm: Herr: über 1,90 m; Dame: über 1,80 m
20 Der Park: Herr: 1,84–1,89 m; Dame: 1,68–1,75 m
21 Der Berg: Herr: deutlich größer als der Ratsuchende; Dame: deutlich kleiner als der Ratsuchende
22 Die Wege: gleich groß
23 Die Mäuse: gleich groß oder etwas kleiner
24 Das Herz: Herr bis zu 8 cm größer; Dame bis zu 8 cm kleiner
25 Der Ring: Herr: 1–2 cm größer; Dame: 2–4 cm kleiner
26 Das Buch: Herr: 1,90 bis über 2,00 m; Dame: über 1,85 m
27 Der Brief: Herr: unter 1,70 m; Dame: unter 1,60 m
28 Der Herr: Herr über 1,80 m; Dame über 1,70
29 Die Dame: Herr: 1,85–1,95 m; Dame: 1,65–1,79 m
30 Die Lilie: Herr: 1,87–1,93 m; Dame: 1,80–1,87 m
31 Die Sonne: Herr: 1,85–1,95 m; Dame: 1,72–1,79 m
32 Der Mond: Herr: etwa 1,75 m; Dame: etwa 1,70 m
33 Der Schlüssel: Herr: größer als 1,85 m; Dame: größer als 1,65 m
34 Die Fische: Herr: 1,70–1,78 m; Dame: 1,65–1,72 m
35 Der Anker: Herr etwa 1,80 m; Dame: etwa 1,70 m
36 Das Kreuz: Herr: etwa 2,00 m; Dame: etwa 1,90 m oder größer

Position 8: Bart
(Bei Frauen natürlich zu vernachlässigen!)

1 Der Reiter: kein oder Dreitagebart
2 Der Klee: rasiert
3 Das Schiff: rasiert
4 Das Haus: Oberlippenbart
5 Der Baum: rasiert
6 Die Wolken: unrasiert
7 Die Schlange: Oberlippen- und Kinnbart
8 Der Sarg: unrasiert
9 Die Blumen: wechselnde Barttracht
10 Die Sense: rasiert
11 Die Rute: rasiert
12 Die Eulen: Oberlippen- und Kinnbart
13 Das Kind: rasiert
14 Der Fuchs: rasiert
15 Der Bär: Vollbart
16 Die Sterne: rasiert
17 Die Störche: auffällige Koteletten
18 Der Hund: Vollbart
19 Der Turm: rasiert
20 Der Park: rasiert, wechselnde Bartfrisuren oder Dreitagebart
21 Der Berg: rasiert
22 Die Wege: Oberlippenbart und auffällige Koteletten
23 Die Mäuse: rasiert
24 Das Herz: rasiert
25 Der Ring: Oberlippen- oder Vollbart
26 Das Buch: rasiert
27 Der Brief: rasiert oder Dreitagebart
28 Der Herr: rasiert, aber ausgeprägte Koteletten
29 Die Dame: rasiert
30 Die Lilie: rasiert oder Dreitagebart

31 Die Sonne: rasiert
32 Der Mond: Dreitage- bis Vollbart
33 Der Schlüssel: Kinnbart
34 Die Fische: rasiert
35 Der Anker: Oberlippenbart
36 Das Kreuz: unrasiert

Position 9: Kleidung

1 Der Reiter: Mix aus klassischer und sportlicher Kleidung
2 Der Klee: sportlich
3 Das Schiff: konsequent klassisch
4 Das Haus: konservativ
5 Der Baum: Alltagskleidung
6 Die Wolken: einzelne Markenteile werden mit normaler Kleidung gemixt
7 Die Schlange: sexy Outfit
8 Der Sarg: Alltagskleidung, vorzugsweise in Schwarz
9 Die Blumen: gekonnt salopp, aber modebewusst
10 Die Sense: sportlich, aber die Kleidung ist ein wenig abgetragen
11 Die Rute: klassisch, aber nicht unbedingt Anzug oder Kostüm
12 Die Eulen: klassisch-sportlicher Mix
13 Das Kind: individuell und verspielt
14 Der Fuchs: bieder-klassische Mischung
15 Der Bär: sportlich-konservativ
16 Die Sterne: sportlicher Schick in Schwarz
17 Die Störche: jugendliches Outfit; Trendsetter
18 Der Hund: alternativ angehaucht, Naturtöne und -materialien
19 Der Turm: Kostüm oder Anzug
20 Der Park: extravagant, edel, nobel, markenorientiert
21 Der Berg: Worker- und Adventurestil
22 Die Wege: praktische Kleidung

23 Die Mäuse: normale Kleidung in dezenten Tönen
24 Das Herz: sportlich in warmen Tönen
25 Der Ring: konsequent klassisch (Kostüm/Anzug)
26 Das Buch: Freizeitkleidung
27 Der Brief: Designer-Schlabber-Look
28 Der Herr: sexy und lasziv
29 Die Dame: etwas übertrieben sexy, aber guter Geschmack
30 Die Lilie: helle Kleidung in verschiedenen Stilrichtungen
31 Die Sonne: Designerkleidung, Markenware, aber salopp getragen
32 Der Mond: klassisch-aparte Kleidung in Schwarz
33 Der Schlüssel: Freizeitkleidung mit Hinguckern
34 Die Fische: kein Talent für Mode und Zusammenstellungen (bevorzugt Freizeitkleidung)
35 Der Anker: heute bieder, früher Trendsetter
36 Das Kreuz: hängt an Lieblingsstücken, sportlich, aber unflexibel

2. Reihe – Geist

Position 10: Musik

1 Der Reiter: aktuelle Charts
2 Der Klee: Deutschrock
3 Das Schiff: lateinamerikanische Musik
4 Das Haus: Schlager
5 Der Baum: keine bestimmte Musikrichtung
6 Die Wolken: Synthesizer und Sphärenklänge
7 Die Schlange: Reggae
8 Der Sarg: Gothic
9 Die Blumen: hört (fast) alles »querbeet«
10 Die Sense: Country
11 Die Rute: Heavy Metal

12 Die Eulen: vorzugsweise Techno, aber auch andere Stilrichtungen
13 Das Kind: Hiphop
14 Der Fuchs: Schlager und englische Popmusik
15 Der Bär: Hardrock
16 Die Sterne: Wave
17 Die Störche: Punk und Independent
18 Der Hund: Chillout-Musik, Lounge
19 Der Turm: Swing, Jazz, Blues
20 Der Park: Drum and Base, House
21 Der Berg: Volksmusik, instrumental
22 Die Wege: keine bestimmte Richtung
23 Die Mäuse: Volksmusik
24 Das Herz: Kuschelrock
25 Der Ring: Oldies
26 Das Buch: Chansons
27 Der Brief: Funk
28 Der Herr: Rock und Pop
29 Die Dame: Tanzmusik
30 Die Lilie: aktuelle Charts, Pop
31 Die Sonne: aktuelle Charts, Musik mit viel Rhythmus
32 Der Mond: Balladen
33 Der Schlüssel: Klassik und Opernmusik
34 Die Fische: Soul
35 Der Anker: Rock und Pop
36 Das Kreuz: legt keinen Wert auf Musik, hört eventuell Radio

Position 11: Sprachen

1 Der Reiter: Deutsch, Englisch, Spanisch, Französisch, evtl. diverse weitere Sprachen; sehr sprachbegabt
2 Der Klee: Deutsch, Englisch, evtl. noch eine weitere Sprache

3 Das Schiff: gebrochen Deutsch und die eigene Muttersprache
4 Das Haus: Dialekt
5 Der Baum: Deutsch, Englisch, Französisch oder Latein
6 Die Wolken: Deutsch, kaum Englisch
7 Die Schlange: Englisch, Französisch, Spanisch, Latein
8 Der Sarg: mäßiges Deutsch
9 Die Blumen: Englisch, Französisch, Spanisch
10 Die Sense: Deutsch bzw. Dialekt
11 Die Rute: Deutsch und Englisch, evtl. noch eine weitere Sprache
12 Die Eulen: Deutsch und Englisch, evtl. noch eine weitere Sprache
13 Das Kind: Deutsch und ein bisschen Englisch
14 Der Fuchs: Deutsch, Englisch und diverse weitere Sprachen
15 Der Bär: Deutsch und skandinavische Sprachen
16 Die Sterne: Deutsch und exotische Fremdsprachen
17 Die Störche: Deutsch und Englisch
18 Der Hund: Deutsch und mäßiges Englisch
19 Der Turm: Deutsch, Dialekt und mäßiges Englisch
20 Der Park: Deutsch und Englisch, evtl. eine weitere Sprache
21 Der Berg: mäßiges Deutsch und Dialekt
22 Die Wege: Deutsch und Englisch, evtl. noch eine weitere Sprache
23 Die Mäuse: mäßiges Deutsch und Dialekt
24 Das Herz: Deutsch und Englisch
25 Der Ring: Deutsch und ein bisschen Englisch
26 Das Buch: Deutsch – weitere Sprachen sind möglich
27 Der Brief: Deutsch, Englisch, Französisch, Spanisch
28 Der Herr: Deutsch, mäßiges Englisch
29 Die Dame: Deutsch, mäßiges Englisch und Italienisch
30 Die Lilie: Deutsch und eine Fremdsprache
31 Die Sonne: Deutsch, Englisch, evtl. Spanisch
32 Der Mond: Deutsch, ein bisschen Englisch

33 Der Schlüssel: Deutsch und Englisch
34 Die Fische: Deutsch und ein bisschen Englisch
35 Der Anker: Deutsch und Dialekt
36 Das Kreuz: Deutsch

Position 12: Literatur

1 Der Reiter: Unterhaltung, Sportberichte
2 Der Klee: Humor und Comedy
3 Das Schiff: Reise, Kultur, Kunst
4 Das Haus: Kochbücher, Anthologien
5 Der Baum: Grenzwissenschaften, Medizin
6 Die Wolken: Romane, Science-Fiction
7 Die Schlange: Psychologie und Medizin, auch Esoterik
8 Der Sarg: Horror- und Grusel-Storys
9 Die Blumen: Liebesromane
10 Die Sense: Thriller, Action
11 Die Rute: Kurzgeschichten
12 Die Eulen: gelegentlich Grusel-Storys
13 Das Kind: Fantasy
14 Der Fuchs: Politik, Geschichte, Technik, Tageszeitung
15 Der Bär: Historienromane, Geschichte
16 Die Sterne: Esoterik, Philosophie, Gedichte, Astronomie
17 Die Störche: Weltliteratur und Reiseführer
18 Der Hund: Bestseller
19 Der Turm: Tageszeitungen und technische Literatur
20 Der Park: Tageszeitungen
21 Der Berg: liest wenig, nichts Spezielles
22 Die Wege: nicht festgelegt
23 Die Mäuse: liest nicht
24 Das Herz: Liebesromane, Bestseller aller Art
25 Der Ring: Biografien und Memoiren

26 Das Buch: Krimis
27 Der Brief: leichte Unterhaltung
28 Der Herr: Handwerk, Autos, Technik
29 Die Dame: Frauen-/Männerliteratur
30 Die Lilie: erotische Literatur
31 Die Sonne: Lebenshilfe und Motivationsbücher
32 Der Mond: Lyrik; ganzheitliche Lebensweise
33 Der Schlüssel: Politik und Zeitgeschehen
34 Die Fische: Börsenteil der Zeitung, Literatur über Finanzen
35 Der Anker: Naturwissenschaftliches
36 Das Kreuz: Schicksalsromane

Position 13: Wirkung nach außen

1 Der Reiter: verschmitzt
2 Der Klee: fröhlich
3 Das Schiff: weltgewandt
4 Das Haus: einfach
5 Der Baum: langweilig
6 Die Wolken: undurchsichtig
7 Die Schlange: kompliziert
8 Der Sarg: flippig
9 Die Blumen: galant
10 Die Sense: unberechenbar
11 Die Rute: redegewandt
12 Die Eulen: nervös
13 Das Kind: Herr: lausbubenhaft, Dame: mädchenhaft
14 Der Fuchs: unaufrichtig
15 Der Bär: verwegen
16 Die Sterne: verträumt
17 Die Störche: sprunghaft
18 Der Hund: nett

19 Der Turm: seriös
20 Der Park: umgänglich
21 Der Berg: weltfremd
22 Die Wege: unstet
23 Die Mäuse: ängstlich
24 Das Herz: herzlich
25 Der Ring: routiniert
26 Das Buch: verschlossen
27 Der Brief: adrett, gepflegt, unnahbar
28 Der Herr: männlich; maskulin, burschikos
29 Die Dame: weiblich, feminin
30 Die Lilie: sexy
31 Die Sonne: mutig
32 Der Mond: gefühlvoll
33 Der Schlüssel: solide
34 Die Fische: berechnend
35 Der Anker: bieder
36 Das Kreuz: gebrochen

Position 14: Ausbildung

1 Der Reiter: mittlere Schulbildung, evtl. weiterführende Schule, dann Studium
2 Der Klee: mittlere Schulbildung
3 Das Schiff: Hauptschule, weiterführende Schulen, Studium
4 Das Haus: Hauptschule und Ausbildung
5 Der Baum: Abitur, Ausbildung, Studium
6 Die Wolken: Gymnasium abgebrochen, ohne Ausbildung
7 Die Schlange: mittlere Reife, Ausbildung, Abendgymnasium
8 Der Sarg: kein Schulabschluss, keine Ausbildung
9 Die Blumen: Waldorfschule, Studium
10 Die Sense: häufiger Schulwechsel, Abitur, Ausbildung, Studium

11 Die Rute: mittlere Reife, Fachoberschule, Studium
12 Die Eulen: Hauptschule, Ausbildung, Fachoberschule
13 Das Kind: Hauptschule, weitere Schulen, Ausbildung, Fachhochschule, Studium abgebrochen
14 Der Fuchs: Abitur, keine Ausbildung
15 Der Bär: Mittlere Reife, Ausbildung
16 Die Sterne: Abitur, Studium
17 Die Störche: Waldorfschule, Studium
18 Der Hund: mittlere Schulbildung, Ausbildung
19 Der Turm: Internat, Abitur, Studium
20 Der Park: Gesamtschule, Ausbildung
21 Der Berg: Hauptschule, Ausbildung
22 Die Wege: Fachhochschulreife, Studium
23 Die Mäuse: Hauptschule, Ausbildung
24 Das Herz: Mittlere Reife, Ausbildung, Fachoberschule, Studium
25 Der Ring: Abitur, Studium
26 Das Buch: Abitur durch weiterführende Schulen oder Abendgymnasium, Studium abgebrochen
27 Der Brief: Hauptschule, evtl. Ausbildung
28 Der Herr: Abitur, Studium
29 Die Dame: mittlere Schulbildung, Ausbildung
30 Die Lilie: Waldorfschule, Studium
31 Die Sonne: von der Hauptschule bis zur Fachhochschulreife hochgearbeitet, Ausbildung, Studium abgebrochen
32 Der Mond: mittlere Schulbildung, Ausbildung
33 Der Schlüssel: Abitur, Studium
34 Die Fische: Mittlere Reife, Abitur, Studium
35 Der Anker: Mittlere Reife, Ausbildung
36 Das Kreuz: Schule abgebrochen, keine Ausbildung

Position 15: Beruf

1 Der Reiter: Bereich Medien, angestellt, gute Position
2 Der Klee: Angestellter Vertrieb
3 Das Schiff: Unternehmer im Bereich Reisen, Logistik, Spedition
4 Das Haus: Handwerker, angestellt
5 Der Baum: medizinischer Bereich, angestellt
6 Die Wolken: Gelegenheitsarbeiten aller Art – unzuverlässig
7 Die Schlange: medizinischer Bereich, selbstständig
8 Der Sarg: Nebenjobs, Gelegenheitsarbeiten, überwiegend arbeitslos
9 Die Blumen: Freiberufler im kreativen Bereich
10 Die Sense: IT, angestellt
11 Die Rute: Angestellter im Bereich Kommunikation
12 Die Eulen: höhere Position; Manager in einem großen Unternehmen
13 Das Kind: selbstständig im Bereich Lebensberatung oder Medizin
14 Der Fuchs: Quereinsteiger durch Talent und Interesse; Freiberufler im Bereich Medien/Film/TV
15 Der Bär: höhere Position; Marketing
16 Die Sterne: selbstständig im Bereich Medizin, Coaching, Esoterik
17 Die Störche: Lebenskünstler
18 Der Hund: Bürotätigkeit oder Verkauf
19 Der Turm: selbstständig oder Beamter
20 Der Park: selbstständig im Gastro-Gewerbe
21 Der Berg: angestellt auf dem Bau
22 Die Wege: mehrere Nebenjobs
23 Die Mäuse: angestellt im Bereich Verwaltung, Versicherung oder Banken

24 Das Herz: besessener Freiberufler, lässt viel Herzblut in seine Arbeit fließen
25 Der Ring: Chefetage, aber Routinearbeiten (Personalwesen etc.)
26 Das Buch: bildet sich zurzeit weiter
27 Der Brief: angestellt als Kurier oder Taxifahrer
28 Der Herr: hat sich mit einer Geschäftsidee selbstständig gemacht
29 Die Dame: Hausmann/-frau
30 Die Lilie: verdient Geld im Bereich Erotik oder ist angestellt im Sozialwesen
31 Die Sonne: Freiberufler im Bereich Kunst, Kultur, Politik oder Medien
32 Der Mond: angestellt als Koch oder Alten-/Krankenpfleger
33 Der Schlüssel: selbstständig oder gehobene Position im Management
34 Die Fische: angestellt als Unternehmensberater, Anlageberater oder Controller
35 Der Anker: angestellt als Bauhandwerker, Hausmeister o.Ä.
36 Das Kreuz: Frührentner oder auf dem Weg dorthin

Position 16: Gibt Geld aus für …

1 Der Reiter: Auto
2 Der Klee: Hobby
3 Das Schiff: Reisen
4 Das Haus: Eigenheim, Grundstücke
5 Der Baum: Sparbuch
6 Die Wolken: Genussmittel
7 Die Schlange: Esoterik und medizinische Weiterbildung
8 Der Sarg: hatte finanzielle Verluste, daher keine Ausgaben möglich

9 Die Blumen: Kleidung, Accessoires, Wellness
10 Die Sense: Computer-Zubehör
11 Die Rute: Musikanlage etc.
12 Die Eulen: Genüsse aller Art
13 Das Kind: Kinder und Familie
14 Der Fuchs: Aktien
15 Der Bär: Eigenheim und Möbel
16 Die Sterne: autodidaktische Weiterbildung
17 Die Störche: Hobbys
18 Der Hund: Tiere
19 Der Turm: Investitionen ins eigene Unternehmen
20 Der Park: Fitness-Club, Kosmetikstudio etc.
21 Der Berg: geringe Geldmittel, daher keine Ausgaben für Extras
22 Die Wege: Natur und Garten
23 Die Mäuse: kann nicht mit Geld umgehen, ist ständig pleite und hat Schulden
24 Das Herz: Freizeit, Party, Hobby
25 Der Ring: Schmuck
26 Das Buch: Literatur
27 Der Brief: Wertpapiere, Investments
28 Der Herr: Technik
29 Die Dame: Wellness
30 Die Lilie: Familie oder Erotik
31 Die Sonne: persönliche Vergnügungen
32 Der Mond: TV- und HiFi-Spielereien
33 Der Schlüssel: Werkzeug (Bastel- und Hobbybedarf)
34 Die Fische: Kapitalanlagen, Immobilien
35 Der Anker: Essen und Trinken
36 Das Kreuz: hat nur wenig Geld zur Verfügung

Position 17: Bildung/Interessen

1 Der Reiter: umfangreiches Wissen über Sportarten und sportliche Leistungen
2 Der Klee: kaum tiefere Bildung, sieht gern fern
3 Das Schiff: sehr gute Kenntnisse über fremde Kulturen
4 Das Haus: Renovierungsprofi, sehr erfahren in Sachen Innenausbau etc.
5 Der Baum: Steckenpferde sind Menschenkenntnis und Psychologie
6 Die Wolken: dürftiges Allgemeinwissen, keine besonderen Interessen
7 Die Schlange: Esoterik und ganzheitliche Lebensführung
8 Der Sarg: Allgemeinbildung ist mangelhaft
9 Die Blumen: Interesse an Stars und Sternchen, quasi lebendes Schauspieler-Lexikon
10 Die Sense: kennt sich hervorragend mit Computern und Programmieren aus
11 Die Rute: Musikfreak – Bands und Musikrichtungen können bei dieser Person problemlos abgefragt werden
12 Die Eulen: liebt Sprache und Rhetorik, ist sehr belesen
13 Das Kind: Profi in Sachen Zaubertricks und Spiele
14 Der Fuchs: großes und breites Allgemeinwissen
15 Der Bär: Finanz- und Versicherungsfragen aller Art; Durchblick im Behördendschungel
16 Die Sterne: umfangreich bewandert in den Geisteswissenschaften
17 Die Störche: regelmäßige Horizonterweiterung in vielen Bereichen
18 Der Hund: normales Allgemeinwissen, keine speziellen Fachgebiete
19 Der Turm: Rechtswissenschaften
20 Der Park: Kinogänger

21 Der Berg: dürftiges Allgemeinwissen, wenige Interessen
22 Die Wege: vielerlei Interessen, aber insgesamt nur oberflächlich
23 Die Mäuse: kaum Bildung und kein Interesse an Weiterbildung
24 Das Herz: diese Person weiß stets, wo die besten Partys der Stadt stattfinden
25 Der Ring: Antiquitäten, Schmuck, Kunst – diese Person ist wie ein Archiv
26 Das Buch: Sprachen
27 Der Brief: schreibt Gedichte, kennt sich mit Lyrik aus
28 Der Herr: Technikfreak
29 Die Dame: Fitness-Training, Körperstyling
30 Die Lilie: kocht gern (für andere) und kreiert neue Rezepte
31 Die Sonne: kann gut bluffen: weiß wenig aus vielen Bereichen, verpackt es aber gut
32 Der Mond: Wellness und Körperpflege
33 Der Schlüssel: Zeit-, Wirtschafts- und Politikgeschehen; sehr gutes Allgemeinwissen
34 Die Fische: alles, was der Geldvermehrung dient
35 Der Anker: durchschnittliches Allgemeinwissen, kümmert sich am liebsten um die eigenen Belange und die des Partners
36 Das Kreuz: wird oft unterschätzt, da diese Person mit ihrem Wissen nicht hausieren geht; kompetent in vielen Bereichen

Position 18: Hobbys

1 Der Reiter: Sport (Leichtathletik, Fitness, Mannschaftssport)
2 Der Klee: Fitness
3 Das Schiff: Reisen, Motorradfahren
4 Das Haus: Heimwerken
5 Der Baum: Botanik, Gärtnern
6 Die Wolken: Dart, Billard, Kartenspiele

7 Die Schlange: Esoterik und Geisteswissenschaften
8 Der Sarg: keine Hobbys
9 Die Blumen: Shopping
10 Die Sense: Internet und Computerspiele
11 Die Rute: Tanzen
12 Die Eulen: Musikinstrument spielen
13 Das Kind: Brettspiele
14 Der Fuchs: Einzelsport (Schießen, Fliegen, Angeln, Schach)
15 Der Bär: Mannschaftssport
16 Die Sterne: Fotografie, Esoterik, Sternenkunde
17 Die Störche: Mode und Modetrends
18 Der Hund: Tiere
19 Der Turm: ist mit sich selbst beschäftigt
20 Der Park: Theater, Musical etc.
21 Der Berg: Klettern, Natur, Camping
22 Die Wege: Wandern, Radfahren
23 Die Mäuse: Tiere (besonders Reptilien) oder keine Hobbys
24 Das Herz: Trendsportarten
25 Der Ring: Mannschaftssport
26 Das Buch: Lesen, Literatur
27 Der Brief: Gedichte schreiben o. Ä.
28 Der Herr: Einzelkampf (z.B. Karate)
29 Die Dame: Handarbeiten
30 Die Lilie: Malen und Zeichnen (Aktmalerei)
31 Die Sonne: Sonnenbaden, Beach-Volleyball
32 Der Mond: Konzerte
33 Der Schlüssel: Präzisionssportart (z.B. Bogenschießen)
34 Die Fische: Bowling, Kegeln
35 Der Anker: Basteln
36 Das Kreuz: pflegt keine Hobbys, hatte früher Talent für eine besondere Sportart

3. Reihe – Seele

Position 19: Raucher/Nichtraucher

1 Der Reiter: Nichtraucher
2 Der Klee: Gelegenheitsraucher
3 Das Schiff: Gelegenheitsraucher
4 Das Haus: Gesellschaftsraucher
5 Der Baum: Nichtraucher
6 Die Wolken: Raucher
7 Die Schlange: Raucher
8 Der Sarg: starker Raucher
9 Die Blumen: Nichtraucher
10 Die Sense: hat mit dem Rauchen aufgehört
11 Die Rute: starker Raucher
12 Die Eulen: Gesellschaftsraucher
13 Das Kind: Nichtraucher
14 Der Fuchs: hat mit dem Rauchen aufgehört
15 Der Bär: Dame: Zigarette; Herr: Zigarre, Pfeife
16 Die Sterne: Nichtraucher
17 Die Störche: Gelegenheitsraucher
18 Der Hund: Raucher
19 Der Turm: Genussraucher (nach dem Essen etc.)
20 Der Park: Raucher
21 Der Berg: Nichtraucher
22 Die Wege: hört immer wieder mit dem Rauchen auf und fängt immer wieder an
23 Die Mäuse: starker Raucher (Kettenraucher)
24 Das Herz: Gelegenheitsraucher
25 Der Ring: will die Sucht wiederholt aufgeben, schafft es aber nicht
26 Das Buch: Nichtraucher

27 Der Brief: Gelegenheitsraucher
28 Der Herr: Raucher
29 Die Dame: Nichtraucher
30 Die Lilie: Genussraucher, auch Zigarre oder Zigarillos
31 Die Sonne: Raucher
32 Der Mond: Raucher
33 Der Schlüssel: Nichtraucher
34 Die Fische: Raucher
35 Der Anker: Gelegenheitsraucher
36 Das Kreuz: Raucher

Position 20: Kulinarisches/Essgewohnheiten

1 Der Reiter: ausgewogene Ernährung
2 Der Klee: liebt asiatisches Essen
3 Das Schiff: exotische Experimente sind an der Tagesordnung, isst gern und oft im Restaurant
4 Das Haus: Hausmannskost – hier wird selbst gekocht
5 Der Baum: liebt Hausmannskost, lässt sich die Mahlzeiten gern servieren
6 Die Wolken: unregelmäßige Mahlzeiten, Fastfood und Dosennahrung
7 Die Schlange: in der Hauptsache vegetarisch
8 Der Sarg: Essstörung ist möglich, z.B. Bulimie, Magersucht, Esssucht
9 Die Blumen: Restaurantbesuche mit schönem Ambiente sind an der Tagesordnung
10 Die Sense: man schwört auf Biokost
11 Die Rute: Essen oft in Stress und Hektik
12 Die Eulen: wenn gegessen wird, dann abends, am Tag fehlt die Muße
13 Das Kind: Fastfood und Süßigkeiten

14 Der Fuchs: mehrere üppige Mahlzeiten am Tag, isst aber gehetzt

15 Der Bär: traditioneller Fleischesser, Vorliebe: griechische Küche

16 Die Sterne: sehr vernascht, ist inkonsequent in Sachen Diät

17 Die Störche: sehr flexibel, es darf alles sein: verschiedene Restaurant, Fastfood, Hausmannskost

18 Der Hund: einfache und regelmäßige Mahlzeiten; bevorzugt gutbürgerliche Küche

19 Der Turm: betrachtet Essen als Notwendigkeit, kein Genießer

20 Der Park: isst viel außer Haus, in der Kantine, kaum exotische Versuche

21 Der Berg: stopft das Essen wahllos in sich hinein

22 Die Wege: asiatische und japanische Kost werden favorisiert

23 Die Mäuse: isst spartanisch – wie ein Mäuschen

24 Das Herz: kocht mit Leidenschaft, geht aber auch gern essen

25 Der Ring: speist oft edel im Nobelrestaurant

26 Das Buch: heimlicher Esser, da Gewichtsprobleme

27 Der Brief: isst wie ein Spatz, kleine und wenige Mahlzeiten

28 Der Herr: drei bis fünf Mahlzeiten am Tag, so wie man es von früher gewohnt ist

29 Die Dame: Genießer; der Kühlschrank ist mit Lieblingsspeisen gefüllt

30 Die Lilie: bevorzugt die italienische Küche

31 Die Sonne: kocht kaum selbst, geht regelmäßig essen

32 Der Mond: kocht gern und viel mit oder für Freunde(n)

33 Der Schlüssel: geizig beim Einkauf, braucht aber regelmäßige Mahlzeiten

34 Die Fische: isst, was auf den Tisch kommt und gibt für Nahrungsmittel nicht mehr Geld als notwendig aus

35 Der Anker: liebt Hausmannskost, aber auch Currywurst und Pommes

36 Das Kreuz: Vitamine und Ballaststoffe sind dieser Person wichtig

Position 21: Charakterlicher Nachteil

1 Der Reiter: es fehlt die geistige Tiefe
2 Der Klee: nervige Frohnatur
3 Das Schiff: unkonzentriert, schlechter Zuhörer, da mit sich selbst beschäftigt
4 Das Haus: Stubenhocker, unflexibel
5 Der Baum: Pessimist
6 Die Wolken: Neigung zu Süchten (Drogen, Alkohol, Medikamente etc.)
7 Die Schlange: ist falsch – lacht einem freundlich ins Gesicht, aber stößt einem dann hinterrücks das Messer in den Rücken
8 Der Sarg: geht mit Krankheiten, die er/sie gar nicht hat, hausieren
9 Die Blumen: schleimig – ist freundlich, wenn er/sie sich einen Vorteil verspricht
10 Die Sense: aggressiv und unberechenbar
11 Die Rute: redet ohne Punkt und Komma
12 Die Eulen: sehr launisch
13 Das Kind: kindisch – spricht gern in Babysprache
14 Der Fuchs: unehrlich, hinterhältig
15 Der Bär: besitzergreifend, eifersüchtig
16 Die Sterne: Traumtänzer
17 Die Störche: unruhig, verbreitet Hektik
18 Der Hund: trottelig und unbeholfen
19 Der Turm: egoistisch
20 Der Park: will stets im Mittelpunkt stehen
21 Der Berg: stur und bockig
22 Die Wege: kann sich nie entscheiden, hält andere damit auf
23 Die Mäuse: leidenschaftlicher Schnäppchenjäger
24 Das Herz: lässt keinen Freiraum in der Liebe, wirkt erdrückend und klammert
25 Der Ring: lehnt generell Veränderungen ab, ist phlegmatisch

26 Das Buch: gehemmt, schweigsam
27 Der Brief: oberflächlich
28 Der Herr: sehr dominant
29 Die Dame: devot
30 Die Lilie: arrogant
31 Die Sonne: Prahlhans
32 Der Mond: mitleidheischend, jammert viel
33 Der Schlüssel: pedantisch
34 Die Fische: geizig
35 Der Anker: Workaholic
36 Das Kreuz: hadert immer mit dem eigenen Schicksal

Position 22: Reisen/Unternehmungen

1 Der Reiter: reist gern in Clubs mit Animationsprogramm
2 Der Klee: Kurzreisen und Wochenendtrips
3 Das Schiff: ausgedehnte Reisen in die ganze Welt
4 Das Haus: lediglich Tagesausflüge sind möglich
5 Der Baum: wird durch einen Verein motiviert, Saison-Abschlussreisen etc.
6 Die Wolken: wenige Unternehmungen, gelegentliche Flugreisen sind möglich
7 Die Schlange: wenige, aber ausgefallene und längere Reisen
8 Der Sarg: reist nicht gern
9 Die Blumen: ist für alles offen; mag Luxusreisen
10 Die Sense: Ferien auf dem Bauernhof, ausgedehnte Wanderungen – alles, was mit Natur zu tun hat
11 Die Rute: ist am liebsten mit der Eisenbahn unterwegs
12 Die Eulen: viele kleinere Reisen übers Jahr verteilt (Events und Städtereisen)
13 Das Kind: liebt Erlebnisparks u. Ä.
14 Der Fuchs: mehrmals im Jahr unterwegs

15 Der Bär: Reisen in die Natur, vorwiegend Skandinavien
16 Die Sterne: vorwiegend Seminarreisen (Coaching, Mentaltraining, Selbsterfahrung)
17 Die Störche: reist quer über den ganzen Globus
18 Der Hund: liebt den Balkon und den eigenen Garten
19 Der Turm: Städtereisen
20 Der Park: Kulturreisen
21 Der Berg: Kletterreisen und Bergwanderurlaub
22 Die Wege: Wanderreisen
23 Die Mäuse: kein Interesse an Reisen, aber meist auch keine finanziellen Möglichkeiten
24 Das Herz: verreist spontan, ohne groß zu planen
25 Der Ring: bereist die Weltmetropolen
26 Das Buch: Studienreisen
27 Der Brief: alle paar Jubeljahre gibt es eine längere Reise, dann eher Pauschalurlaub
28 Der Herr: Reisen in Verbindung mit Sportereignissen
29 Die Dame: Wellnessreisen
30 Die Lilie: mag vor allem Winterurlaub
31 Die Sonne: liebt Sommerreisen in südliche Länder
32 Der Mond: Camping und kurze Strandausflüge
33 Der Schlüssel: gehobenes Niveau – am liebsten zweimal im Jahr Pauschalreisen
34 Die Fische: betrachtet Reisen als Pflicht
35 Der Anker: liebt Fahrradtouren – auch über mehrere Wochen
36 Das Kreuz: Rucksacktourist

Position 23: Tiere

1 Der Reiter: hat ein Pferd oder mag Pferde ganz besonders
2 Der Klee: ist tierlieb, hat aber keine eigenen Tiere
3 Das Schiff: könnte einen Hund haben oder gehabt haben

4 Das Haus: mag Tiere und hat vielleicht einen Hund und/oder eine Katze
5 Der Baum: mag Tiere, aber nicht im eigenen Haus
6 Die Wolken: hatte früher mal einen Hund
7 Die Schlange: mag Reptilien
8 Der Sarg: besitzt kein Haustier, hat aber auch nichts gegen Tiere
9 Die Blumen: wenn, dann gibt es einen Hund mit ordentlichem Stammbuch
10 Die Sense: mag/hat Nutztiere
11 Die Rute: Jagdhund o. Ä. wäre möglich
12 Die Eulen: mag Gefieder aller Art
13 Das Kind: Kleintiere (Vogel, Hamster, Meerschweinchen)
14 Der Fuchs: dürfte eine Katze haben
15 Der Bär: hat einen großen Hund, vielleicht auch mehrere
16 Die Sterne: hatte früher mal einen Hund
17 Die Störche: keine Haustiere, denn man mag die eigene Unabhängigkeit, da selten zu Hause
18 Der Hund: hat einen Hund, ist insgesamt tierlieb
19 Der Turm: hat keine Tiere und mag sie auch nicht besonders
20 Der Park: hat eine Neigung zu »Trendhunden«
21 Der Berg: kein Bezug zu Tieren
22 Die Wege: hat schon viele Haustiere gehabt
23 Die Mäuse: Meerschweinchen, Hamster & Co.
24 Das Herz: ist schnell Feuer und Flamme für ein Haustier, das Interesse kann aber nachlassen
25 Der Ring: ist im Tierschutz engagiert
26 Das Buch: hat eventuell einen treuen Wegbegleiter (Hund)
27 Der Brief: keine Tiere, möchte auch keine haben
28 Der Herr: ein Hund oder ein Pferd könnte vorhanden sein
29 Die Dame: mag Tiere, muss aber nicht unbedingt eines haben
30 Die Lilie: betrachtet Tiere als Familienmitglieder
31 Die Sonne: mag Tiere, hat aber keine

32 DER MOND: sehr tierlieb
33 DER SCHLÜSSEL: Tiere sind nicht wichtig
34 DIE FISCHE: Zierfische und/oder Gartenteich werden gepflegt
35 DER ANKER: mag Tiere, hat aber höchstens einen Hamster o. Ä.
36 DAS KREUZ: hatte mal ein Tier, an dem sie/er sehr hing

Position 24: Erotik und Leidenschaft

1 DER REITER: ist liebevoll, mag Stellungswechsel
2 DER KLEE: wenig Erfahrung, aber gibt sich Mühe
3 DAS SCHIFF: großer Frauenkenner/große Männerkennerin
4 DAS HAUS: alles ist möglich: von Missionarsstellung über Blümchensex bis hin zu Verbal-Erotik und Quickies an allen möglichen Orten
5 DER BAUM: Einfühlsamkeit und Charme bestimmen die Sexualität dieser Person
6 DIE WOLKEN: Herr: Egoist; Dame: will es hinter sich bringen
7 DIE SCHLANGE: Machtspiele stehen hier im Vordergrund
8 DER SARG: hochsensibel; hier ist Vorsicht geboten! Ein Draufgänger oder eine Draufgängerin würde diesen Menschen schnell verschrecken
9 DIE BLUMEN: ein Verführer/eine Verführerin; haben Sie sich diese Person geangelt, so werden Sie verwöhnt
10 DIE SENSE: Sex an ungewöhnlichen Orten; sehr offen für ungewöhnliche Erfahrungen
11 DIE RUTE: man hat Erfahrungen aller Art gesammelt
12 DIE EULEN: ein Genießer und Nimmersatt
13 DAS KIND: erste Versuche auf diesem Gebiet dürften etwas holprig ausgefallen sein, doch die Neugierde treibt diesen Menschen an, Erfahrungen zu sammeln
14 DER FUCHS: Herr: neigt zur Impotenz; Dame: neigt zur Frigidität

15 Der Bär: Herr: fordernd; Dame: anhänglich
16 Die Sterne: bevorzugt nur eine Stellung und braucht lange bis zum Höhepunkt
17 Die Störche: mag kuscheln und schmusen, küsst gern, sucht körperliche Nähe; vermittelt nach dem Akt ein gutes Gefühl
18 Der Hund: supersensibel, einfühlsam und lieb, aber keine Klette
19 Der Turm: ist der Typ Mann/Frau, den/die man aus einschlägigen Liebesromanen kennt – romantisch, verwegen, kühn, einfühlsam und frech
20 Der Park: eher das »Normalprogramm«, ein wenig zu »technisch«, wenig Streicheleinheiten; Küsschen gibt es hier und da, auch in der Öffentlichkeit
21 Der Berg: eher der unromantische Typ
22 Die Wege: dieser Mensch gibt alles, um zu gefallen, denn er hat eine jahrelange Durststrecke hinter sich
23 Die Mäuse: leichte Neigung zum Fetischismus: Objekt des Verlangens können bestimmte Körperteile (Brüste, Hände, Füße usw.) des Partners sein
24 Das Herz: Ihr Beschützerinstinkt wird geweckt
25 Der Ring: diese Person ist einfühlsam, zärtlich und so richtig lieb und aufmerksam
26 Das Buch: hat wirklich keine Ahnung; die Missionarsstellung dürfte ihm/ihr am vertrautesten sein
27 Der Brief: sicherlich hat er/sie Erfahrungen sammeln können, diese waren aber eher oberflächlich – man war nicht mit dem Herzen dabei
28 Der Herr: ziemlich eingefahren; was man einmal kennen und lieben gelernt hat, wird auch auf lange Sicht beibehalten
29 Die Dame: kuschelt und küsst gern; möchte sonntags lange im Bett bleiben – zusammen mit Ihnen
30 Die Lilie: er/sie fordert Ihnen alles ab

31 Die Sonne: er/sie liest Ihnen alle Wünsche von den Augen ab
32 Der Mond: das Baby unter den Lovern – die Löffelchenstellung wird bevorzugt
33 Der Schlüssel: dominant
34 Die Fische: das Interesse an Sex ist grundsätzlich da, doch in puncto Zärtlichkeit und körperliche Nähe eher Fehlanzeige – man hat das einfach nicht gelernt
35 Der Anker: solide, aber liebe- und respektvoll
36 Das Kreuz: hier fehlt das Einfühlungsvermögen

Position 25: Charakterlicher Vorzug

1 Der Reiter: sehr unterhaltsam
2 Der Klee: humorvoll, fröhlich
3 Das Schiff: tolerant
4 Das Haus: häuslich und gemütlich
5 Der Baum: analytisch
6 Die Wolken: bescheiden
7 Die Schlange: motivierend
8 Der Sarg: wägt stets Pro und Kontra ab
9 Die Blumen: charmant
10 Die Sense: spontan und impulsiv
11 Die Rute: redegewandt
12 Die Eulen: kann andere mitreißen und für sich gewinnen
13 Das Kind: neugierig, wissbegierig
14 Der Fuchs: diplomatisch
15 Der Bär: verantwortungsbewusst
16 Die Sterne: verständnisvoll
17 Die Störche: temperamentvoll und unangepasst
18 Der Hund: treu und freundlich
19 Der Turm: zielstrebig
20 Der Park: gesellig

21 Der Berg: lässt sich nicht so schnell aus der Ruhe bringen
22 Die Wege: vorausschauend
23 Die Mäuse: genügsam
24 Das Herz: romantisch
25 Der Ring: routiniert
26 Das Buch: guter Zuhörer
27 Der Brief: unkompliziert
28 Der Herr: gute Führungspersönlichkeit
29 Die Dame: anpassungsfähig
30 Die Lilie: sozial engagiert
31 Die Sonne: optimistisch
32 Der Mond: verlässlich und fürsorglich
33 Der Schlüssel: diszipliniert
34 Die Fische: realistisch
35 Der Anker: fleißig
36 Das Kreuz: voller Urvertrauen

Position 26: Wohnung/Einrichtung

1 Der Reiter: bevorzugt skandinavische Möbel
2 Der Klee: besitzt wenig Möbel, hat keine eigenen Vorstellungen
3 Das Schiff: Lounge-Stil
4 Das Haus: die Einrichtung muss praktisch sein
5 Der Baum: sparsam eingerichtet, penibel sauber gehalten
6 Die Wolken: Möbel gebraucht erworben – sind schon sehr alt, evtl. beschädigt
7 Die Schlange: wenige, teure und edle Stücke
8 Der Sarg: Möbel von Eltern oder Verwandten übernommen
9 Die Blumen: sehr individuell, aber orientiert sich an den neusten Trends
10 Die Sense: Landhausstil

11 Die Rute: auffällige, ungewöhnliche Wandgestaltung
12 Die Eulen: die Wohnung ist mit Möbeln voll gestellt
13 Das Kind: verspielt und bunt
14 Der Fuchs: braucht eigentlich nur Bett, Tisch und Stuhl, ist aber meistens komplett ausgestattet – durch ehemalige Partner
15 Der Bär: Katalog-Möbel; kein eigener Geschmack
16 Die Sterne: Matratze auf dem Boden, Regal an der Wand, ein Stuhl für Gäste
17 Die Störche: individuell und alternativ
18 Der Hund: solide, herkömmliche Einrichtung
19 Der Turm: Mobiliar sieht unbenutzt aus, obwohl es schon viele Jahre alt sein kann
20 Der Park: designermäßig eingerichtet
21 Der Berg: lieblos, aufgeräumt, steril
22 Die Wege: mehrere Stilrichtungen vereint
23 Die Mäuse: mag alte/antike Möbel
24 Das Herz: mag rote Farbtöne; hat wahrscheinlich ein komplett in Rot gehaltenes Zimmer
25 Der Ring: teure Möbel, denen man ihren Preis nicht unbedingt ansieht
26 Das Buch: viele Bücherregale und eine Leseecke am Kamin
27 Der Brief: baut selbst Möbel
28 Der Herr: rustikaler Einrichtungsstil
29 Die Dame: viel Nippes
30 Die Lilie: das Schlafzimmer dürfte außergewöhnlich sein
31 Die Sonne: wechselt regelmäßig das Interieur
32 Der Mond: in dieser Wohnung herrscht das Chaos
33 Der Schlüssel: Ordnung durch Schrankwände
34 Die Fische: legt keinen großen Wert auf Einrichtung, hat einige wenige gute Stücke
35 Der Anker: Eckbank in der Küche, Eiche im Wohnzimmer
36 Das Kreuz: diese Person ist auch mit Bananenkisten zufrieden

Position 27: Alkohol

1 Der Reiter: trinkt mal ein Glas Wein zum Essen
2 Der Klee: Gelegenheitstrinker – eher Bier oder Prosecco
3 Das Schiff: trinkt gern mal ein Schlückchen zum passenden Anlass
4 Das Haus: trinkt gelegentlich Wein und Bier
5 Der Baum: trinkt eher selten
6 Die Wolken: könnte alkoholabhängig sein
7 Die Schlange: Gesellschaftstrinker
8 Der Sarg: trinkt regelmäßig
9 Die Blumen: trinkt gelegentlich, dann aber nur edleTropfen
10 Die Sense: hat mit dem Trinken aufgehört
11 Die Rute: starker Trinker
12 Die Eulen: Gesellschaftstrinker
13 Das Kind: Antialkoholiker
14 Der Fuchs: trinkt regelmäßig, ist einem guten Tropfen in der Regel nicht abgeneigt
15 Der Bär: trinkt – je nach Anlass – alles, gern auch süße Cocktails
16 Die Sterne: Antialkoholiker
17 Die Störche: Gelegenheitstrinker
18 Der Hund: Trinker, aber nicht abhängig
19 Der Turm: Genusstrinker (zum Essen, nach erfolgreichem Abschluss etc.)
20 Der Park: Trinker – Vorsicht! Das kann zur Sucht führen
21 Der Berg: Antialkoholiker
22 Die Wege: kann auch mal monate- oder sogar jahrelang keinen Alkohol zu sich nehmen
23 Die Mäuse: starker Trinker
24 Das Herz: Gelegenheitstrinker
25 Der Ring: will Sucht wiederholt aufgeben, schafft es aber nicht

26 Das Buch: Antialkoholiker
27 Der Brief: Gelegenheitstrinker
28 Der Herr: trinkt in normalem Maß
29 Die Dame: Antialkoholiker
30 Die Lilie: Genusstrinker (Whisky oder Cognac auf Eis etc.)
31 Die Sonne: Gesellschaftstrinker
32 Der Mond: Gesellschaftstrinker
33 Der Schlüssel: Nichttrinker
34 Die Fische: trinkt häufig und viel
35 Der Anker: Gelegenheitstrinker
36 Das Kreuz: wahllos, ist aber nicht abhängig; trinkt bei Stress

4. Reihe – Schicksal

Position 28: Partnerschaft

1 Der Reiter: ist offen für eine Partnerschaft, geht aber eher von einem Lebensabschnittsgefährten aus
2 Der Klee: will die Liebe fürs Leben – ob diese Person aber selbst dafür gemacht ist?
3 Das Schiff: der ideale Mann/die ideale Frau; ist bindungswillig und passt hervorragend zu Ihnen
4 Das Haus: wünscht sich Ehe, Haus und Kinder
5 Der Baum: Partnerschaft ja, Ehe vielleicht
6 Die Wolken: undurchsichtig – lässt sich nicht festnageln
7 Die Schlange: wenn Sie sich rar machen, haben Sie gewonnen
8 Der Sarg: das könnte ein kurzes Intermezzo werden
9 Die Blumen: hier macht schon das Kennenlernen Spaß; diese Person umwirbt Sie und will eine Bindung eingehen
10 Die Sense: kurz und heftig; hinterlässt einen starken Eindruck, mehr als eine Affäre ist aber nicht drin

11 Die Rute: Sex und Leidenschaft sind klasse, der Alltag ist eher anstrengend
12 Die Eulen: diese Person lässt Sie zappeln, aber nur um es spannend zu machen; tatsächlich möchte dieser Mensch eine Bindung mit Ihnen eingehen
13 Das Kind: Liebelei/Flirt von kurzer Dauer
14 Der Fuchs: ist auf eine Affäre aus
15 Der Bär: ist sehr eifersüchtig, das kann anstrengend sein; wenn Sie gleich Grenzen ziehen, wird die Beziehung stabil
16 Die Sterne: wünscht sich eine langjährige Partnerschaft und ist auch bereit dafür
17 Die Störche: viel Leben und Bewegung; diese Person möchte eine Bindung mit Ihnen eingehen; an seiner Seite könnten Sie das Leben ganz neu entdecken
18 Der Hund: ein treuer Lebenspartner wartet auf Sie
19 Der Turm: egoistischer Einzelgänger; wenn Sie ihn oder sie wollen, dann ziehen Sie sich regelmäßig zurück
20 Der Park: Glanz und Gloria – dieser Partner strahlt wie eine Sonne, in der Sie sich wärmen können
21 Der Berg: das könnte ein Geduldsspiel werden, aber es lohnt sich
22 Die Wege: wirkt anfangs vielleicht etwas spröde, ist aber bindungswillig
23 Die Mäuse: Einzelgänger; eine Bindung ist möglich, aber nur mit viel Freiraum
24 Das Herz: sucht die große Liebe, möchte sich fest binden; die Zeit ist jetzt reif dafür
25 Der Ring: die Ehe ist für diesen Menschen die Krönung
26 Das Buch: will nur eine heimliche Affäre
27 Der Brief: kaum festzunageln, aber auf lockerer Basis ist das ein toller Partner
28 Der Herr: sucht eine feste Partnerschaft
29 Die Dame: möchte sich fest binden, Heirat nicht ausgeschlossen

30 Die Lilie: sucht eine lockere Partnerschaft
31 Die Sonne: will sich voll und ganz auf einen neuen Partner einlassen
32 Der Mond: sucht das passende Gegenstück; ist gefühlvoll und voller Liebe
33 Der Schlüssel: sucht Sicherheit in der Partnerschaft, kann nicht gut allein sein
34 Die Fische: Partnerschaft wäre an finanziellen Interessen ausgerichtet – das Ansehen steht im Vordergrund
35 Der Anker: bindungsfähig; sucht Partnerschaft und ist bereit, eine einzugehen
36 Das Kreuz: ist unsicher; man braucht Geduld, wenn man diese Person erobern will

Position 29: Vergangene Beziehungen

1 Der Reiter: oberflächliche Liebesbeziehungen haben diese Person noch nicht auf den Olymp geführt, das Problem liegt in der Liebe, die man noch nicht erfahren hat; ein Meister im Ver- und Entlieben
2 Der Klee: je nach Alter hat diese Person noch keine partnerschaftlichen Erfahrungen sammeln können bzw. es ging nie über eine Affäre hinaus
3 Das Schiff: dieser Mensch hatte schon viele Affären und Partner über die ganze Welt verteilt, mit denen er meist mehrere Jahre zusammen war; er ist insgesamt aufgeschlossen
4 Das Haus: diese Person hatte wenige, dafür aber sehr intensive Partnerschaften; diese sind bereits abgeschlossen und verarbeitet
5 Der Baum: die erste Liebe war sehr dominant, was heute noch verarbeitet werden muss

31 Die Sonne: natürlich hatte er schon andere Frauen vor Ihnen (oder sie hatte andere Männer), die große Liebe war aber noch nicht dabei

32 Der Mond: wenn sich dieser Mensch verliebt, dann voll und ganz; Partner wurden immer auf ein Podest gestellt; insgesamt aber wenig Erfahrung in Sachen Partnerschaft

33 Der Schlüssel: war schon verheiratet, hat möglicherweise Kinder

34 Die Fische: möchte eine feste Bindung, da einiges im Leben verarbeitet werden muss (z.B. Elternproblematik); genau deswegen wurde er/sie auch schon einmal verlassen

35 Der Anker: bisher gab es eher Brüderchen-und-Schwesterchen-Beziehungen

36 Das Kreuz: wurde einmal dramatisch verlassen, hatte danach keine Beziehung mehr

Position 30: Familienstand

1 Der Reiter: ledig

2 Der Klee: ledig

3 Das Schiff: geschieden

4 Das Haus: geschieden

5 Der Baum: getrennt lebend

6 Die Wolken: ledig

7 Die Schlange: getrennt lebend

8 Der Sarg: geschieden

9 Die Blumen: ledig

10 Die Sense: getrennt lebend

11 Die Rute: getrennt lebend

12 Die Eulen: geschieden

13 Das Kind: ledig

14 Der Fuchs: geschieden
15 Der Bär: geschieden
16 Die Sterne: geschieden – schon vor langer Zeit
17 Die Störche: ledig
18 Der Hund: geschieden
19 Der Turm: geschieden
20 Der Park: getrennt lebend
21 Der Berg: ledig
22 Die Wege: ledig
23 Die Mäuse: ledig
24 Das Herz: getrennt lebend
25 Der Ring: geschieden
26 Das Buch: ledig
27 Der Brief: ledig
28 Der Herr: ledig
29 Die Dame: geschieden
30 Die Lilie: ledig
31 Die Sonne: ledig
32 Der Mond: ledig
33 Der Schlüssel: geschieden
34 Die Fische: geschieden
35 Der Anker: getrennt lebend
36 Das Kreuz: geschieden

Position 31: Ort des Kennenlernens

1 Der Reiter: beim Sport/bei einer Sportveranstaltung
2 Der Klee: unverhofft – beim Einkaufen, Tanken o. Ä.
3 Das Schiff: auf einer Reise
4 Das Haus: in der Nachbarschaft
5 Der Baum: beim Arzt/im Krankenhaus
6 Die Wolken: in Bar/Kneipe/Diskothek o. Ä.

7 Die Schlange: umständlich oder während man sich verläuft/verfährt
8 Der Sarg: durch einen kleinen Unfall
9 Die Blumen: bei einem gesellschaftlichen Ereignis (Vernissage, Theaterbesuch etc.)
10 Die Sense: bei einem Landausflug
11 Die Rute: durch einen Streit in einer Gesellschaft/auf einer Party
12 Die Eulen: Internet/kommunikative Medien
13 Das Kind: auf einer kleinen Feier
14 Der Fuchs: auf einer kleinen Reise – Wochenendtrip o. Ä.
15 Der Bär: bei einem offiziellen Meeting
16 Die Sterne: bei einer esoterischen/spirituellen Veranstaltung
17 Die Störche: durch einen Umzug/eine Renovierung
18 Der Hund: durch Bekannte
19 Der Turm: durch eine Behörde/Amt
20 Der Park: beim Konzert, im Theater, Kino o. Ä.
21 Der Berg: beim Skifahren oder Wandern
22 Die Wege: bei einem Spaziergang
23 Die Mäuse: durch eine Ansammlung von Menschen (Demonstration etc.)
24 Das Herz: bei Ihrer Lieblingsbeschäftigung
25 Der Ring: im Verein oder Club
26 Das Buch: via Internet
27 Der Brief: bei einem Seminar oder einer Fortbildung
28 Der Herr: durch einen Freund
29 Die Dame: durch eine Freundin
30 Die Lilie: auf einer Familienfeier
31 Die Sonne: am Strand/draußen im Freien
32 Der Mond: in einem Restaurant
33 Der Schlüssel: im eigenen Haus, vielleicht ein Handwerker oder Versicherungsvertreter?
34 Die Fische: in einer Bank/Einrichtung, die mit Geld zu tun hat

35 Der Anker: durch den Job
36 Das Kreuz: durch eine karitative oder soziale Einrichtung

Position 32: Kinder

1 Der Reiter: noch keine Kinder – hätte gern welche
2 Der Klee: noch keine Kinder – eigene Kinder sind möglich
3 Das Schiff: ein bis zwei Kinder sind vorhanden – weitere bedingt möglich
4 Das Haus: ein Kind könnte er/sie bereits haben – weitere Kinder sind möglich
5 Der Baum: ein bzw. mehrere Kinder sind schon da
6 Die Wolken: ein uneheliches Kind – kaum Kontakt zur Kindsmutter
7 Die Schlange: zwei Kinder sind aus vergangener Beziehung da – kein weiterer Kinderwunsch
8 Der Sarg: keine Kinder vorhanden – Kinderwunsch ist fraglich
9 Die Blumen: ein Kind ist bereits da – weiterer Nachwuchs denkbar
10 Die Sense: es gibt schon ein etwas älteres Kind
11 Die Rute: mehrere Kinder von verschiedenen Frauen
12 Die Eulen: zwei Kinder sind da – mehr Kinder werden eher ausgeschlossen
13 Das Kind: keine Kinder – Kinderwunsch ist vorhanden
14 Der Fuchs: ein oder mehrere Kinder sind bereits da – weitere Kinder nicht erwünscht
15 Der Bär: ein bis zwei ältere Kinder gibt es bereits
16 Die Sterne: keine Kinder – Kinderwunsch unklar
17 Die Störche: keine Kinder – Kinderwunsch nicht wirklich vorhanden

18 Der Hund: ein Kind ist vorhanden – weitere Kinder sind gewünscht
19 Der Turm: ein älteres Kind – weitere Kinder ausgeschlossen
20 Der Park: viele Kinder – mehr Kinder sind möglich
21 Der Berg: ein Kind – keine weiteren Kinder gewünscht
22 Die Wege: keine Kinder – weitere Kinder, wenn Sie es wollen
23 Die Mäuse: keine Kinder – Kinderwunsch nicht unbedingt vorhanden
24 Das Herz: keine Kinder – Kinderwunsch mit dem richtigen Partner
25 Der Ring: Kinder sind da – weitere Kinder nicht gewünscht
26 Das Buch: noch kein Nachwuchs vorhanden – aber möglich
27 Der Brief: hat ein ungewolltes Kind
28 Der Herr: keine Kinder – ist aber nicht abgeneigt
29 Die Dame: hat ein bis mehrere Kinder – kein weiterer Kinderwunsch
30 Die Lilie: hat ein Kind, möchte keine weiteren Kinder
31 Die Sonne: hat ein Kind, ist unschlüssig in Bezug auf weitere Kinder
32 Der Mond: keine Kinder – ist aber nicht abgeneigt
33 Der Schlüssel: hat Kinder – möchte keinen weiteren Nachwuchs
34 Die Fische: könnte Kinder haben – weitere Kinder nicht erwünscht
35 Der Anker: hat ein bis zwei Kinder, ist offen für weiteren Nachwuchs
36 Das Kreuz: hat keine Kinder, möchte auch keine

Position 33: Unausgesprochenes

1 Der Reiter: Erzählungen über sportliche Triumphe entsprechen nicht immer der Wahrheit

2 Der Klee: Unehrlichkeit in puncto sexuelle Erfahrungen
3 Das Schiff: ist als Kind mal weggelaufen
4 Das Haus: finanzielle Situation stimmt nicht mit Erzählung überein – kann positiv wie negativ sein
5 Der Baum: eine Krankheit, über die man nicht spricht
6 Die Wolken: Drogenkonsum o. Ä.
7 Die Schlange: manipuliert negativ im Freundes- und Bekanntenkreis
8 Der Sarg: Neigung zu Depression, war eventuell schon in Therapie
9 Die Blumen: hat in jungen Jahren mal etwas widerrechtlich entwendet
10 Die Sense: Aggressionsproblem, geschürt durch Elternhaus
11 Die Rute: kann nicht verlieren, sieht es immer als persönliche Niederlage
12 Die Eulen: sucht Nervenkitzel und Spannung
13 Das Kind: ist mit der Kindererziehung (generell Kindern) überfordert
14 Der Fuchs: hat mal eine(n) Freundin/Freund vorsätzlich betrogen
15 Der Bär: hat kriminelle Energien
16 Die Sterne: hat hellseherische Fähigkeiten
17 Die Störche: eine wohnliche Veränderung war nicht förderlich, es kam zum Verlust einer Partnerschaft und/oder des Jobs
18 Der Hund: durch sein/ihr Verschulden ist ein Tier umgekommen
19 Der Turm: hat Behörden um Geldbeträge betrogen
20 Der Park: ist ein kleiner Voyeur
21 Der Berg: sagt, dass er/sie sich ändern will – ändert aber nichts
22 Die Wege: führte eine Zeit lang ein Doppelleben
23 Die Mäuse: hat starke Verlustängste
24 Das Herz: kann nicht über Gefühle reden und sie auch nicht zeigen

25 Der Ring: hat ein chronisches, aber rein seelisch bedingtes Leiden
26 Das Buch: lebt in einer Traumwelt
27 Der Brief: Selbstschutz durch Oberflächlichkeit
28 Der Herr: hat dominante sexuelle Fantasien
29 Die Dame: hat devote sexuelle Fantasien
30 Die Lilie: mag kostenpflichtige Verbalerotik oder flirtet im Internet
31 Die Sonne: verdrängt vergangene Beziehungen
32 Der Mond: benimmt sich daneben, um Aufmerksamkeit zu erhaschen
33 Der Schlüssel: kontrolliert heimlich – Handy, Mails, Telefonate, Rechnungen etc.
34 Die Fische: Alkoholismus in der Familie
35 Der Anker: ist mal bei einem Job »unehrenhaft« entlassen worden
36 Das Kreuz: schwer wiegender Todesfall (eventuell durch Suizid)

Position 34: Freunde

1 Der Reiter: hat einen großen Bekanntenkreis, aber keine richtigen Freunde
2 Der Klee: hat einen sehr guten Freund, nur wenige Bekannte
3 Das Schiff: hat Freund- und Bekanntschaften auf der ganzen Welt – pflegt diese sporadisch
4 Das Haus: an erster Stelle kommt die Familie, dann Kollegen, kaum Bekannte; hat einen guten Freund
5 Der Baum: hat viele langjährige Freunde und Bekannte
6 Die Wolken: hat keine Freunde, wenige Bekannte
7 Die Schlange: hat wenige Freunde, viele Bekannte aus dem Jobumfeld

8 Der Sarg: ist eher Einzelgänger, wenige Bekannte

9 Die Blumen: Hansdampf in allen Gassen; hat einige Freunde, großen Bekanntenkreis, der sich durch alle Gesellschaftsschichten zieht; ist sehr beliebt und überall gern gesehen

10 Die Sense: hält nichts von Freundschaften, wurde schon oft verraten; mittelgroßer Bekanntenkreis

11 Die Rute: ein bis zwei gute Freunde, die schon lange Begleiter sind – das war's

12 Die Eulen: zwei gute Freunde, wenige Bekannte, kein Interesse, den Bekanntenkreis auszubauen

13 Das Kind: hat viele flüchtige Bekanntschaften, vielleicht einen Freund

14 Der Fuchs: hat einen guten Freund aus Jugendtagen, sporadische Treffen mit diesem, ansonsten viele Bekannte

15 Der Bär: Familien- und Geschäftskontakte werden gepflegt

16 Die Sterne: hat einen sehr guten Freund; Mann: hat viele Freundinnen; Frau: hat viele Freunde; man kommt mit dem anderen Geschlecht besser aus

17 Die Störche: viele Bekannte über die ganze Welt verteilt, kaum Freunde

18 Der Hund: zwei bis drei gute Freunde, mittelgroßer Bekanntenkreis, Familie ist wichtig

19 Der Turm: hat einen sehr guten Kollegen, wenige Bekannte, einige Geschäftskontakte werden gepflegt

20 Der Park: keine richtigen engen Freunde, dafür großer und bunter Bekanntenkreis

21 Der Berg: ist eher ein Einzelgänger

22 Die Wege: es gibt zwei treue Wegbegleiter und einige Bekannte

23 Die Mäuse: keine Freunde, dafür sehr viele oberflächliche Bekanntschaften

24 Das Herz: mehrere gute Freunde, großer und interessanter Bekannten- und Kollegenkreis

25 DER RING: hat viele Freunde durch Hobby und Sport im Verein oder Club – kein »bester« Freund
26 DAS BUCH: hat einen sehr guten Freund, alle anderen Bekanntschaften sind eher oberflächlich
27 DER BRIEF: viele Bekannte und nette Kollegen, aber keine engen Freundschaften
28 DER HERR: hat einen sehr guten Freund, normaler Bekanntenkreis
29 DIE DAME: hat einen sehr guten Freund, normaler Bekanntenkreis
30 DIE LILIE: hat keinen Freund, viele Bekannte, generell interessantes, aber oberflächliches Umfeld
31 DIE SONNE: hat mehr Freunde, als ihm/ihr bewusst ist – großer Bekanntenkreis, der sich durch alle Gesellschaftsschichten zieht
32 DER MOND: hat einen Freund, wenige Bekannte, Familie geht vor
33 DER SCHLÜSSEL: hat keinen Freund, wenige Bekannte, Kontakte mit Kollegen werden gepflegt
34 DIE FISCHE: hat keinen Freund, einige Bekannte, viele berufliche Kontakte
35 DER ANKER: hat viele Bekannte aus dem beruflichen Bereich, Familie ist wichtig
36 DAS KREUZ: Einzelgänger, wenige Bekannte, legt auch keinen Wert darauf

Position 35: Krankheiten

1 DER REITER: Bewegungsapparat (eher des Unterkörpers) ist eingeschränkt
2 DER KLEE: strotzt vor Gesundheit
3 DAS SCHIFF: hat Platzangst

4 Das Haus: stabile Gesundheit
5 Der Baum: hat einen leichten Hang zu Depressionen
6 Die Wolken: Beschwerden der Lunge und Atemwege
7 Die Schlange: der Darmtrakt ist nicht intakt
8 Der Sarg: Kopfschmerzen und Migräne
9 Die Blumen: rundum gesund, da positiv und optimistisch eingestellt
10 Die Sense: Probleme mit Zähnen und/oder Kiefer
11 Die Rute: immer wiederkehrende Angina
12 Die Eulen: durch Hektik und Stress eventuell Probleme mit den Hörorganen (Tinnitus); Bluthochdruck
13 Das Kind: hat mit den Folgen von Kinderkrankheiten zu kämpfen
14 Der Fuchs: Hypochonder
15 Der Bär: Diabetes wäre möglich
16 Die Sterne: anfällig für Heuschnupfen, aber im Großen und Ganzen kerngesund
17 Die Störche: alle Arten von Reisekrankheiten: Flugangst, Seekrankheit etc.
18 Der Hund: keine Probleme, vielleicht eine Allergie gegen Tierhaare
19 Der Turm: Probleme mit der Wirbelsäule
20 Der Park: keine Krankheiten, die von Bedeutung wären
21 Der Berg: zu hohe Cholesterinwerte
22 Die Wege: Krampfadern
23 Die Mäuse: eher harmlose Viren- und Pilzinfektionen
24 Das Herz: Probleme mit Herz und/oder Kreislauf
25 Der Ring: hat eine chronische Krankheit
26 Das Buch: mangelndes Selbstbewusstsein könnte zu Depressionen führen
27 Der Brief: dieser Person kann nichts etwas anhaben
28 Der Herr: stabile Gesundheit; Männer (im höheren Alter): Prostataprobleme

29 Die Dame: stabile Gesundheit; Frauen (im höheren Alter): Unterleibsbeschwerden
30 Die Lilie: Hormonhaushalt sollte überprüft werden; eventuell Geschlechtskrankheit
31 Die Sonne: Glückskind – keine Krankheiten
32 Der Mond: starke Gefühlsschwankungen, vielleicht sogar Depressionen
33 Der Schlüssel: der obere Bewegungsapparat (Rumpf/Arme) ist beeinträchtigt
34 Die Fische: Nieren, Blase oder Galle sind angegriffen
35 Der Anker: Beschwerden durch zu viel Sitzen (tauchen erst später auf)
36 Das Kreuz: die Bandscheiben sorgen für Ärger

Position 36: Lebensaufgabe

1 Der Reiter: soll sich mit dem Thema »Sport« befassen
2 Der Klee: reisen und neugierig bleiben
3 Das Schiff: Globale Zusammenhänge erforschen
4 Das Haus: Eigentum erwerben, Haus bauen, sesshaft werden
5 Der Baum: arbeiten, aber auch analysieren
6 Die Wolken: Süchte vermeiden bzw. bekämpfen
7 Die Schlange: soll lernen, Macht nicht zu missbrauchen, sondern fair zu bleiben
8 Der Sarg: immer in Bewegung bleiben; den Staat und seine Einrichtungen infrage stellen
9 Die Blumen: Events o. Ä. organisieren, an denen Menschen Freude haben
10 Die Sense: nicht fürs Leben binden (Beruf, Liebe, Freunde, Heimat etc.)
11 Die Rute: sich durchsetzen und für sich selbst eintreten
12 Die Eulen: authentisch werden, keine Rollen spielen

13 Das Kind: sich um andere kümmern – Fürsorge

14 Der Fuchs: egoistisch denken und handeln und sich der Wissenschaft widmen

15 Der Bär: sich in Diplomatie üben

16 Die Sterne: alle Arten von Geisteswissenschaften

17 Die Störche: stets die Kontroverse suchen und meist eine andere Meinung als die Masse haben, ein wertvoller Beitrag

18 Der Hund: sollte kritischer und skeptischer werden

19 Der Turm: sich selbstständig machen

20 Der Park: Menschen miteinander verbinden

21 Der Berg: sich sozial verhalten, sich um Bedürftige kümmern

22 Die Wege: andere Menschen unterhalten

23 Die Mäuse: arbeiten und fleißig sein

24 Das Herz: die Welt erleben und sich amüsieren

25 Der Ring: der Versuchung der Manipulation widerstehen

26 Das Buch: Weiterbildung auf vielen Gebieten

27 Der Brief: nichts persönlich nehmen, ein dickeres Fell zulegen

28 Der Herr: ein Unternehmen führen

29 Die Dame: heiraten und Kinder bekommen

30 Die Lilie: genießen, entspannen und auch mal fünf gerade sein lassen

31 Die Sonne: großzügig und authentisch sein

32 Der Mond: Menschen bewirten und versorgen

33 Der Schlüssel: Menschen fördern und zu Höchstleistungen motivieren

34 Die Fische: Wissen über finanzielle Dinge aneignen

35 Der Anker: neben der Forschung sollte man sich in Toleranz üben

36 Das Kreuz: Wissen weitergeben

Kombinationsaussagen für die kleine Tafel für Paare

Position 1: Reisen/Unternehmungen

1 Der Reiter: reist gern in Clubs mit Animationsprogramm
2 Der Klee: Kurzreisen und Wochenendtrips
3 Das Schiff: ausgedehnte Reisen in die ganze Welt
4 Das Haus: lediglich Tagesausflüge sind möglich
5 Der Baum: wird durch einen Verein motiviert, Saison-Abschlussreisen etc.
6 Die Wolken: wenige Unternehmungen, gelegentliche Flugreisen sind möglich
7 Die Schlange: wenige, aber ausgefallene und längere Reisen
8 Der Sarg: reist nicht gern
9 Die Blumen: ist für alles offen – mag besonders Luxusreisen
10 Die Sense: Ferien auf dem Bauernhof, ausgedehnte Wanderungen – alles, was mit Natur zu tun hat
11 Die Rute: ist am liebsten mit der Eisenbahn unterwegs
12 Die Eulen: viele kleinere Reisen übers Jahr verteilt (Events und Städtereisen)
13 Das Kind: liebt Erlebnisparks u. Ä.
14 Der Fuchs: mehrmals im Jahr unterwegs
15 Der Bär: Reisen in die Natur, vorwiegend Skandinavien
16 Die Sterne: vorwiegend Seminarreisen (Coaching, Mentaltraining, Selbsterfahrung)
17 Die Störche: reist quer über den ganzen Globus
18 Der Hund: liebt den Balkon und den eigenen Garten
19 Der Turm: Städtereisen
20 Der Park: Kulturreisen
21 Der Berg: Kletterreisen und Bergwanderurlaub

22 Die Wege: Wanderreisen
23 Die Mäuse: kein Interesse an Reisen, aber meist auch keine finanziellen Möglichkeiten
24 Das Herz: verreist spontan, ohne groß zu planen
25 Der Ring: bereist die Weltmetropolen
26 Das Buch: Studienreisen
27 Der Brief: alle paar Jubeljahre gibt es eine längere Reise, dann eher Pauschalurlaub
28 Der Herr: Reisen in Verbindung mit Sportereignissen
29 Die Dame: Wellnessreisen
30 Die Lilie: mag vor allem Winterurlaub
31 Die Sonne: liebt Sommerreisen in südliche Länder
32 Der Mond: Camping und kurze Strandausflüge
33 Der Schlüssel: gehobenes Niveau – am liebsten zweimal im Jahr Pauschalreisen
34 Die Fische: betrachtet Reisen als Pflicht
35 Der Anker: liebt Fahrradtouren – auch über mehrere Wochen
36 Das Kreuz: Rucksacktourist

Position 2: Hoffnungen

1 Der Reiter: sportliche Herausforderung meistern
2 Der Klee: glücklich und zufrieden sein
3 Das Schiff: eine bestimmte Reise unternehmen
4 Das Haus: ein Haus/eine Wohnung kaufen/bauen
5 Der Baum: gesund bleiben
6 Die Wolken: eine Sucht bewältigen
7 Die Schlange: eine Rivalin/einen Rivalen abschütteln
8 Der Sarg: eine Krankheit überwinden
9 Die Blumen: dass man möglichst attraktiv ist
10 Die Sense: guter Verdienst, vielleicht sogar ein Lottogewinn
11 Die Rute: einen alten Streit begraben

12 Die Eulen: Schüchternheit ablegen
13 Das Kind: Nachwuchs
14 Der Fuchs: einmal seinen Feinden und Widersachern ein Schnippchen schlagen (sei es bei Mobbing im Job oder bei Rivalitäten im privaten Bereich)
15 Der Bär: Besitz und Geld anhäufen
16 Die Sterne: mediale Fähigkeiten entwickeln
17 Die Störche: eine wohnliche Veränderung in Angriff nehmen
18 Der Hund: Zugang zu anderen Menschen finden
19 Der Turm: sich selbstständig machen
20 Der Park: gut in der Gesellschaft ankommen
21 Der Berg: endlich Hemmungen ablegen
22 Die Wege: dass eine Entscheidung zugunsten dieser Person gefällt wird (Liebe, Job etc.)
23 Die Mäuse: Verlustängste ablegen
24 Das Herz: Erfüllung in der Liebe
25 Der Ring: heiraten
26 Das Buch: Weiterbildung
27 Der Brief: eigene Texte veröffentlichen
28 Der Herr: dass ein bestimmter Mann/eine bestimmte Frau die eigenen Gefühle erwidert
29 Die Dame: dass irgendeine Frau/irgendein Mann die Gefühle erwidert
30 Die Lilie: im sexuellen Bereich sicherer werden
31 Die Sonne: endlich zum eigentlichen Ich finden
32 Der Mond: im Rampenlicht stehen
33 Der Schlüssel: einen sicheren Job finden
34 Die Fische: bessere Finanzlage
35 Der Anker: Anerkennung im Beruf
36 Das Kreuz: gesundheitliche Verbesserung/Heilung

Position 3: Sehnsüchte

1 Der Reiter: einmal als Sieger aus einem (sportlichen) Wettkampf hervorgehen
2 Der Klee: einfach mal Glück haben (Geld, Beruf, Gesundheit etc.)
3 Das Schiff: auswandern/aussteigen
4 Das Haus: Zufriedenheit, Ruhe und Geborgenheit im eigenen Heim finden
5 Der Baum: gesund sein – keine Krankheiten mehr durchleiden müssen
6 Die Wolken: komplett neu anfangen, die Vergangenheit abstreifen
7 Die Schlange: Gedanken/Gelüste betreffend einer bestimmten Person in die Tat umsetzen
8 Der Sarg: wie Phönix aus der Asche aufsteigen – es allen zeigen
9 Die Blumen: beliebt und anerkannt sein
10 Die Sense: ausbrechen und neu anfangen (Job)
11 Die Rute: rhetorisch versiert sein
12 Die Eulen: viele kleine Reisen unternehmen, ohne Rücksicht auf die Finanzen
13 Das Kind: eine Großfamilie haben
14 Der Fuchs: einen genialen Coup landen
15 Der Bär: Macht gewinnen
16 Die Sterne: erleuchtet sein
17 Die Störche: sich von allen Konventionen befreien
18 Der Hund: einen Freund/eine Freundin gewinnen
19 Der Turm: unabhängig sein
20 Der Park: im Mittelpunkt stehen
21 Der Berg: sich selbstsicher durch die Welt bewegen
22 Die Wege: einmal die Wahl zwischen zwei Partnern haben
23 Die Mäuse: dass sich der eigene Partner zu einem bekennt

24 Das Herz: dass man seinen Partner wieder liebt wie am Anfang
25 Der Ring: auf Händen getragen werden
26 Das Buch: eine Affäre haben
27 Der Brief: mehr Romantik
28 Der Herr: Weltgewandtheit
29 Die Dame: mehr Menschenkenntnis erlangen
30 Die Lilie: sexuelle Gelüste ausleben
31 Die Sonne: frei sein von Pessimismus und Perfektionismus
32 Der Mond: Ruhm ernten
33 Der Schlüssel: Angst und Depressionen ablegen
34 Die Fische: reich wie Onassis (oder Bill Gates) sein
35 Der Anker: alles soll so bleiben, wie es ist
36 Das Kreuz: noch einmal 10 bis 20 Jahre jünger sein

Position 4: Geborgenheit

1 Der Reiter: Unruhegeist, sucht Geborgenheit bei Freunden
2 Der Klee: sucht Geborgenheit bei einem Partner/einer Partnerin, da diese im Elternhaus vermisst wurde
3 Das Schiff: braucht (scheinbar) keine Geborgenheit, ist mit sich selbst beschäftigt
4 Das Haus: man fühlt sich zu Hause wohl
5 Der Baum: man redet nicht darüber, sucht aber nach mütterlicher Geborgenheit
6 Die Wolken: fehlende Geborgenheit im Elternhaus, dadurch emotional wenig zugänglich
7 Die Schlange: wurde überbemuttert – verlangt das Gleiche vom heutigen Partner
8 Der Sarg: kann Geborgenheit weder geben noch empfangen
9 Die Blumen: kommt aus einem wohl behüteten Elternhaus, gibt und empfängt Geborgenheit

10 Die Sense: reagiert aggressiv auf zu viel Körpernähe
11 Die Rute: ist nur selten in der Lage, Gefühle zu zeigen, genießt aber stillschweigend die Geborgenheit zu Hause
12 Die Eulen: wird schnell unruhig, wenn man kuscheln will, sucht selbst wenig körperliche Nähe, mag es aber, versorgt zu werden
13 Das Kind: braucht übertrieben viel Körperkontakt und Streicheleinheiten
14 Der Fuchs: wenige Momente der Zärtlichkeit werden gesucht – die man aber genießen kann
15 Der Bär: fordert Gemütlichkeit und Geborgenheit, gibt aber selbst wenig
16 Die Sterne: nimmt Geborgenheit an, kann aber selbst wenig Gefühle zeigen; gibt sich eher unbeholfen
17 Die Störche: nimmt und gibt, wie er/sie es braucht
18 Der Hund: gibt und fordert; ist anhänglich
19 Der Turm: eher unterkühlt, war im Elternhaus emotional unterversorgt
20 Der Park: braucht die Zweisamkeit nicht, fühlt sich eher in der Menge wohl
21 Der Berg: kann Nähe nur schwer zulassen, mag sie aber doch
22 Die Wege: von der Tageslaune abhängig
23 Die Mäuse: vermisst Geborgenheit
24 Das Herz: gibt und nimmt in ausgewogenem Verhältnis
25 Der Ring: Austausch von Zärtlichkeiten wirkt unecht
26 Das Buch: erträumt und wünscht sich mehr Zweisamkeit
27 Der Brief: fühlt sich auch ohne körperliche/emotionale Nähe wohl
28 Der Herr: kann nicht gut mit körperlicher Nähe umgehen
29 Die Dame: braucht viel Nähe, gibt diese großzügig
30 Die Lilie: empfindet Geborgenheit beim Sex
31 Die Sonne: gibt und nimmt körperliche Nähe in normalem Maß

32 Der Mond: sucht Geborgenheit zu Hause und beim Partner
33 Der Schlüssel: Geborgenheit wird zu Hause gesucht, körperliche Nähe lässt man nur sporadisch zu
34 Die Fische: tut sich schwer damit, Gefühle zu zeigen; mag tägliche Rituale
35 Der Anker: ausgeglichenes Geben und Nehmen
36 Das Kreuz: sucht Nähe, kann es aber nicht zeigen und umsetzen, da in ein emotionales Korsett gezwängt

Position 5: Gesundheit/Krankheit

1 Der Reiter: Bewegungsapparat (eher des Unterkörpers) ist eingeschränkt
2 Der Klee: strotzt vor Gesundheit
3 Das Schiff: hat Platzangst
4 Das Haus: stabile Gesundheit
5 Der Baum: hat einen leichten Hang zu Depressionen
6 Die Wolken: Beschwerden der Lunge und Atemwege
7 Die Schlange: der Darmtrakt ist nicht intakt
8 Der Sarg: Kopfschmerzen und Migräne
9 Die Blumen: rundum gesund, da positiv und optimistisch eingestellt
10 Die Sense: Probleme mit Zähnen und/oder Kiefer
11 Die Rute: immer wiederkehrende Angina
12 Die Eulen: durch Hektik und Stress eventuell Probleme mit den Hörorganen (Tinnitus); Bluthochdruck
13 Das Kind: hat mit den Folgen von Kinderkrankheiten zu kämpfen
14 Der Fuchs: Hypochonder
15 Der Bär: Diabetes wäre möglich
16 Die Sterne: anfällig für Heuschnupfen, aber im Großen und Ganzen kerngesund

17 Die Störche: alle Arten von Reisekrankheiten: Flugangst, Seekrankheit etc.
18 Der Hund: keine Probleme, vielleicht eine Allergie gegen Tierhaare
19 Der Turm: Probleme mit der Wirbelsäule
20 Der Park: keine Krankheiten, die von Bedeutung wären
21 Der Berg: zu hohe Cholesterinwerte
22 Die Wege: Krampfadern
23 Die Mäuse: eher harmlose Viren- und Pilzinfektionen
24 Das Herz: Probleme mit Herz und/oder Kreislauf
25 Der Ring: hat eine chronische Krankheit
26 Das Buch: mangelndes Selbstbewusstsein könnte zu Depressionen führen
27 Der Brief: dieser Person kann nichts etwas anhaben
28 Der Herr: stabile Gesundheit; Männer (im höheren Alter): Prostataprobleme
29 Die Dame: stabile Gesundheit; Frauen (im höheren Alter): Unterleibsbeschwerden
30 Die Lilie: Hormonhaushalt sollte überprüft werden; eventuell Geschlechtskrankheit
31 Die Sonne: Glückskind – keine Krankheiten
32 Der Mond: starke Gefühlsschwankungen, vielleicht sogar Depressionen
33 Der Schlüssel: der obere Bewegungsapparat (Rumpf/Arme) ist beeinträchtigt
34 Die Fische: Nieren, Blase oder Galle sind angegriffen
35 Der Anker: Beschwerden durch zu viel Sitzen (tauchen erst später auf)
36 Das Kreuz: die Bandscheiben sorgen für Ärger

Position 6: Ängste

1 Der Reiter: Angst, mit dem Auto zu fahren
2 Der Klee: Angst vor Depression
3 Das Schiff: Platzangst
4 Das Haus: Angst vor Vereinsamung
5 Der Baum: Angst vor Krankheiten (allgemein)
6 Die Wolken: Angst vor Süchten aller Art
7 Die Schlange: befürchtet, übergewichtig zu werden
8 Der Sarg: Angst vor dem Tod
9 Die Blumen: Angst, optisch nicht mehr mit den Jungen mithalten zu können
10 Die Sense: Angst vor dem eigenen Aggressionspotenzial
11 Die Rute: Angst vor Verlust der Stimme
12 Die Eulen: Angst vor möglicher Taubheit
13 Das Kind: Angst vor dem Alleinsein
14 Der Fuchs: Angst vor Impotenz/Frigidität
15 Der Bär: Machtlosigkeit
16 Die Sterne: sexuelle Versagensangst
17 Die Störche: Flugangst/Reisefieber
18 Der Hund: Berührungsängste
19 Der Turm: Höhenangst
20 Der Park: Angst vor/in Menschenmassen
21 Der Berg: allgemeine Versagensangst
22 Die Wege: mangelnde Risikobereitschaft
23 Die Mäuse: Verlustangst
24 Das Herz: fürchtet, vor Liebe erdrückt zu werden
25 Der Ring: zwanghafter Ordnungssinn/Pedanterie, bedingt durch unbewusste Ängste vor Unordnung und Chaos
26 Das Buch: befürchtet, bei einer Heimlichkeit erwischt zu werden, die gar keine wirkliche Heimlichkeit ist
27 Der Brief: Angst vor Nichtbeachtung
28 Der Herr: Angst, dominiert zu werden

29 Die Dame: Spinnenphobie
30 Die Lilie: Angst vor sexueller Abhängigkeit
31 Die Sonne: Panik, das Augenlicht zu verlieren
32 Der Mond: Angst vor Ablehnung/Zurückweisung
33 Der Schlüssel: extreme Probleme mit Unsauberkeit/Hygiene
34 Die Fische: Existenzangst
35 Der Anker: Angst, Ansprüchen im Beruf nicht gerecht zu werden
36 Das Kreuz: Angst vor dem Altern

Position 7: Missverständnisse/Gegensätzliches
(hier geht's um Eigenschaften einer Person, die von anderen nicht erkannt oder fehlinterpretiert werden)

1 Der Reiter: in Sachen Sport und Fitness demotiviert, möchte faul sein oder mag nicht Auto fahren
2 Der Klee: geheuchelte Frohnatur, ist eigentlich eher ein in sich gekehrter Typ
3 Das Schiff: genießt Ruhe und Erholung zu Hause, will gar nicht so viel unterwegs sein
4 Das Haus: die Familie hat nicht immer Vorrang
5 Der Baum: ist kein Vegetarier, passt sich aber seinem Umfeld an
6 Die Wolken: ist nicht alkoholabhängig, auch wenn es manchmal so aussieht
7 Die Schlange: ist kein Vamp/Don Juan, sondern lieb und treu
8 Der Sarg: ist grundsätzlich positiv eingestellt
9 Die Blumen: ist nur zuvorkommend, wenn es sein muss, ansonsten eher eigenbrötlerisch
10 Die Sense: wirkt manchmal aggressiv, ist aber grundsätzlich ein friedlicher Mensch

11 Die Rute: ist ein guter Redner, tut es aber nur, wenn es absolut notwendig ist
12 Die Eulen: schaltet beim Zuhören ab, ist geistig nicht anwesend
13 Das Kind: steht nicht unbedingt auf Kinder
14 Der Fuchs: muss mitgerissen werden, selbst ohne Antrieb
15 Der Bär: ist nicht daran interessiert, Besitz anzuhäufen
16 Die Sterne: heuchelt Interesse an Esoterik vor – Ihnen zuliebe
17 Die Störche: sucht Nestwärme und ist keinesfalls so unabhängig, wie er/sie glauben machen will
18 Der Hund: ist nur scheinbar offen
19 Der Turm: Ehrgeiz nicht wirklich vorhanden
20 Der Park: würde größere Gesellschaften gern meiden
21 Der Berg: nur aus Selbstschutz bockig – eigentlich zugänglich
22 Die Wege: ist kein Spaziergänger, macht es unfreiwillig
23 Die Mäuse: mag keine Tiere, zumindest nicht im Haus
24 Das Herz: Liebe ist Nebensache, Sex ist wichtig
25 Der Ring: hasst Routine
26 Das Buch: Pseudo-Leser
27 Der Brief: ist tiefgründiger, als man annimmt – sieht und merkt viel
28 Der Herr: hat weibliche Eigenschaften
29 Die Dame: hat männliche Eigenschaften
30 Die Lilie: Sex ist Nebensache, Gefühle sind wichtiger
31 Die Sonne: findet Sonne, Strand und Süden doof
32 Der Mond: ist gern allein, sucht kaum die Gesellschaft Anderer
33 Der Schlüssel: neigt zu Schubladendenken
34 Die Fische: will nicht sparen, lebt lieber verschwenderisch
35 Der Anker: geht nur aus Pflichtgefühl zur Arbeit
36 Das Kreuz: auch wenn er es nicht zeigen kann oder sich unbeholfen anstellt: Dieser Mensch sucht Gesellschaft

Position 8: Unausgesprochenes/Geheimnisse

1 DER REITER: Erzählungen über sportliche Triumphe entsprechen nicht immer der Wahrheit
2 DER KLEE: Unehrlichkeit in puncto sexuelle Erfahrungen
3 DAS SCHIFF: ist als Kind mal weggelaufen
4 DAS HAUS: finanzielle Situation stimmt nicht mit Erzählung überein – kann positiv wie negativ sein
5 DER BAUM: eine Krankheit, über die man nicht spricht
6 DIE WOLKEN: Drogenkonsum o.Ä.
7 DIE SCHLANGE: manipuliert negativ im Freundes- und Bekanntenkreis
8 DER SARG: Neigung zu Depression, war eventuell schon in Therapie
9 DIE BLUMEN: hat in jungen Jahren mal etwas widerrechtlich entwendet
10 DIE SENSE: Aggressionsproblem, geschürt durch Elternhaus
11 DIE RUTE: kann nicht verlieren, sieht es immer als persönliche Niederlage
12 DIE EULEN: sucht Nervenkitzel und Spannung
13 DAS KIND: ist mit der Kindererziehung (generell Kindern) überfordert
14 DER FUCHS: hat mal eine(n) Freundin/Freund vorsätzlich betrogen
15 DER BÄR: hat kriminelle Energien
16 DIE STERNE: hat hellseherische Fähigkeiten
17 DIE STÖRCHE: eine wohnliche Veränderung war nicht förderlich, es kam zum Verlust einer Partnerschaft und/oder des Jobs
18 DER HUND: durch sein/ihr Verschulden ist ein Tier umgekommen
19 DER TURM: hat Behörden um Geldbeträge betrogen
20 DER PARK: ist ein kleiner Voyeur
21 DER BERG: sagt, dass er/sie sich ändern will – ändert aber nichts

22 Die Wege: führte eine Zeit lang ein Doppelleben
23 Die Mäuse: hat starke Verlustängste
24 Das Herz: kann nicht über Gefühle reden und sie auch nicht zeigen
25 Der Ring: hat ein chronisches, aber rein seelisch bedingtes Leiden
26 Das Buch: lebt in einer Traumwelt
27 Der Brief: Selbstschutz durch Oberflächlichkeit
28 Der Herr: hat dominante sexuelle Fantasien
29 Die Dame: hat devote sexuelle Fantasien
30 Die Lilie: mag kostenpflichtige Verbalerotik oder flirtet im Internet
31 Die Sonne: verdrängt vergangene Beziehungen
32 Der Mond: benimmt sich daneben, um Aufmerksamkeit zu erhaschen
33 Der Schlüssel: kontrolliert heimlich – Handy, Mails, Telefonate, Rechnungen etc.
34 Die Fische: Alkoholismus in der Familie
35 Der Anker: ist mal bei einem Job »unehrenhaft« entlassen worden
36 Das Kreuz: schwer wiegender Todesfall (eventuell durch Suizid)

Position 9: Gefühlswelt/Bindungsfähigkeit

1 Der Reiter: ist offen für eine langjährige Partnerschaft, geht aber eher von einem Lebensabschnittsgefährten aus
2 Der Klee: will die Liebe fürs Leben, ob diese Person aber selbst dafür gemacht ist?
3 Das Schiff: idealer Mann/ideale Frau; ist bindungswillig
4 Das Haus: will Ehe, Haus und Kinder
5 Der Baum: Partnerschaft ja, Ehe vielleicht

6 Die Wolken: undurchsichtig – lässt sich nicht festnageln
7 Die Schlange: wenn Sie sich rar machen, haben Sie gewonnen
8 Der Sarg: das könnte ein kurzes Intermezzo werden
9 Die Blumen: alles kommt so, wie man es sich erträumt hat; Sie sind begehrt und werden geliebt
10 Die Sense: kurz und heftig, hinterlässt einen starken Eindruck; mehr als eine Affäre ist aber nicht drin
11 Die Rute: Sex und Leidenschaft sind klasse, aber der Alltag ist sehr anstrengend
12 Die Eulen: diese Person lässt Sie im Unklaren, tatsächlich mag sie aber eine Bindung mit Ihnen eingehen
13 Das Kind: Liebelei/Flirt von kurzer Dauer
14 Der Fuchs: ist auf eine Affäre aus
15 Der Bär: ist sehr eifersüchtig, das kann anstrengend sein; wenn Sie Grenzen ziehen, wird die Beziehung stabil
16 Die Sterne: eine langjährige Partnerschaft steht an
17 Die Störche: viel Leben und Bewegung, Sie blühen an der Seite dieser Person auf
18 Der Hund: ein treuer Lebenspartner
19 Der Turm: egoistischer Einzelgänger; macht Ihnen den Zugang schwer, wenn Sie ihn oder sie emotional richtig packen wollen, dann ziehen Sie sich regelmäßig zurück
20 Der Park: Glanz und Gloria – Sie sonnen sich im Strahlen Ihres Partners
21 Der Berg: das könnte ein Geduldsspiel werden, bis es amtlich wird, aber es lohnt sich!
22 Die Wege: wenn Sie es wollen, dann können Sie diese Person fest an sich binden, denn ihre Gefühle stimmen
23 Die Mäuse: Einzelgänger; eine feste Bindung ist möglich, aber nur mit viel Freiraum
24 Das Herz: die große Liebe – mit Ehe und evtl. auch Kindern
25 Der Ring: die Ehe ist die Krönung
26 Das Buch: will nur eine heimliche Affäre

27 Der Brief: kaum festzunageln, aber auf lockerer Basis hat man einen tollen Partner
28 Der Herr: sucht feste Partnerschaft bzw. will diese erhalten
29 Die Dame: möchte sich ganz fest binden, Heirat nicht ausgeschlossen
30 Die Lilie: sucht eine lockere Partnerschaft
31 Die Sonne: will sich voll und ganz auf Sie einlassen
32 Der Mond: Sie sind das passende Gegenstück; dieser Mensch ist gefühlvoll und voller Liebe
33 Der Schlüssel: sucht Sicherheit in der Partnerschaft, kann nicht gut allein sein
34 Die Fische: die Partnerschaft ist an finanziellen Interessen ausgerichtet; das Ansehen steht im Vordergrund
35 Der Anker: ist vollkommen bindungsfähig
36 Das Kreuz: ist unsicher, mag Sie aber sehr

Position 10: Spontaneität/Entscheidungen

1 Der Reiter: wenn es um Veranstaltungen geht, dann ist er/sie zu allen Schandtaten bereit
2 Der Klee: muss mitgezogen werden, hat selbst wenig Ideen
3 Das Schiff: ist für alles zu haben, was mit Reisen zu tun hat – auch ganz spontan
4 Das Haus: Stubenhocker; kann schlecht spontan sein
5 Der Baum: Miesepeter; sieht stets die Nachteile, redet alles schlecht
6 Die Wolken: lässt sich ungern aus der Routine entführen
7 Die Schlange: ist nur spontan, wenn es auf dem eigenen Mist gewachsen ist, sonst träge
8 Der Sarg: lehnt (fast) alles ab
9 Die Blumen: ist für Vergnügungen aller Art zu haben
10 Die Sense: insgesamt sehr impulsiv

11 Die Rute: muss immer erst alles ausdiskutieren
12 Die Eulen: macht viel mit, ist aber für außergewöhnliche Dinge nicht zu haben
13 Das Kind: hat ständig Ideen, setzt sie aber kaum um
14 Der Fuchs: nur in eigenen Belangen spontan
15 Der Bär: Impulsivität manchmal zum Nachteil, Entscheidungen werden aber nie zurückgenommen
16 Die Sterne: schwimmt mit dem Strom
17 Die Störche: ist sehr rührig und beweglich, macht fast alles mit
18 Der Hund: ein Jasager
19 Der Turm: entscheidet schnell, aber nur für sich selbst
20 Der Park: schwimmt in der Herde mit, will nicht auffallen
21 Der Berg: ein Neinsager
22 Die Wege: bei den entscheidenden Dingen wird herumgezickt
23 Die Mäuse: hält alle auf, braucht ewig, um sich zu entscheiden
24 Das Herz: entscheidet spontan aus dem Bauch heraus
25 Der Ring: schließt sich dem Stärkeren oder der Mehrheit an
26 Das Buch: macht alles mit sich selbst aus, und das recht perfekt
27 Der Brief: lässt sich Entscheidungen abnehmen
28 Der Herr: schnelles, aber manchmal unüberlegtes Handeln
29 Die Dame: lässt bewusst andere für sich entscheiden, damit er/sie selbst keine Fehler macht
30 Die Lilie: das Allgemeinwohl ist ausschlaggebend
31 Die Sonne: egal in welchem Bereich – er/sie ist schnell dabei
32 Der Mond: unentschlossen, macht dann aber doch mit
33 Der Schlüssel: hat ein gutes Händchen für geschäftliche Entscheidungen, privat fällt's etwas schwerer
34 Die Fische: ist ein Fuchs in Finanzdingen, ansonsten ein Mitläufer
35 Der Anker: selbst wenn es die eigene Idee war, muss es nicht unbedingt zu einer Aktion kommen

36 Das Kreuz: bei größeren Angelegenheiten dauert es länger, kleinere Entscheidungen werden sofort getroffen

Position 11: Kommunikation

1 Der Reiter: rhetorisch versiert
2 Der Klee: humorvoller Sprachgebrauch
3 Das Schiff: beherrscht mehrere Sprachen
4 Das Haus: Gespräche und Wortschatz im ganz normalen Rahmen
5 Der Baum: analytisch, redet gern über wissenschaftliche Themen
6 Die Wolken: nuschelt
7 Die Schlange: großer Wortschatz, sehr exakt, lässt kein Detail aus
8 Der Sarg: eher uninteressanter Gesprächspartner
9 Die Blumen: großer Wortschatz
10 Die Sense: redet sehr schnell, aber deutlich
11 Die Rute: bietet rhetorisches Feuerwerk
12 Die Eulen: bleibt gern anonym (Telefon oder Internet), hat eher Probleme mit der Sprache
13 Das Kind: scherzt und flachst gern
14 Der Fuchs: zitiert gern
15 Der Bär: redet laut und bestimmend
16 Die Sterne: spricht ruhig und leise
17 Die Störche: auf vielen Themengebieten versiert
18 Der Hund: langweiliger Redner
19 Der Turm: benutzt gern Fremdwörter
20 Der Park: gestikuliert gern und viel, um Aussagen zu untermauern
21 Der Berg: eher sachlich
22 Die Wege: mag Smalltalk und Humor

23 Die Mäuse: abgehackte, unvollständige Sätze
24 Das Herz: erzählt sehr emotional
25 Der Ring: redet nur über seine Lieblingsthemen
26 Das Buch: kann besser schreiben als reden
27 Der Brief: ist sehr beredt
28 Der Herr: angenehmer Gesprächspartner
29 Die Dame: geht gern auf den Gesprächspartner ein
30 Die Lilie: weiß alles besser
31 Die Sonne: rechthaberisch
32 Der Mond: redet stark akzentuiert
33 Der Schlüssel: redegewandt
34 Die Fische: kommt vom Hundertsten ins Tausendste
35 Der Anker: hat ein gutes Langzeitgedächtnis
36 Das Kreuz: eher langweilig, holt oft weit aus

Position 12: Stress-Faktor

1 Der Reiter: das Auto, das nie in Ordnung ist
2 Der Klee: Glücksspiele aller Art
3 Das Schiff: Aufbruchstimmungen (vor einer Reise, vor einer Party etc.)
4 Das Haus: die Wohnsituation
5 Der Baum: eine Krankheit, die immer wieder auftaucht
6 Die Wolken: wenn keine Zigaretten, Medikamente oder Alkohol in greifbarer Nähe sind
7 Die Schlange: eine ganz bestimmte Frau, z.B. Nachbarin, Schwester, Kollegin
8 Der Sarg: Hiobsbotschaften, die eigene Person betreffend
9 Die Blumen: Geschenke entgegennehmen müssen, Geschenke aussuchen
10 Die Sense: Zahnarztbesuche und Ärzte im Allgemeinen
11 Die Rute: vor Publikum reden

12 Die Eulen: zuhören
13 Das Kind: die eigenen, aber auch fremde Kinder
14 Der Fuchs: Mobbing
15 Der Bär: verursacht sich selbst Stress, weil man immer mit dem Kopf durch die Wand will, obwohl es einem nachher Leid tut
16 Die Sterne: ständig zu spät ins Bett gehen, am nächsten Tag ist man dann wie gerädert
17 Die Störche: immer wiederkehrende Renovierungsarbeiten
18 Der Hund: der eigene Freundeskreis (manchmal hat man besser nur Feinde)
19 Der Turm: Behördengänge; eine Gerichtsverhandlung
20 Der Park: ausgehen, man mag lieber zu Hause bleiben
21 Der Berg: offen auf andere Menschen zugehen ist ein Problem
22 Die Wege: die eigene Entscheidungsunfähigkeit
23 Die Mäuse: Ungeziefer
24 Das Herz: Unklarheit in der Liebe
25 Der Ring: keine oder kaum Anerkennung im Verein/Club/beim Hobby
26 Das Buch: verliert sich im Internet; mischt bei zu vielen Internet-Plattformen mit
27 Der Brief: Kommunikation im Allgemeinen (SMS, Mail, Telefonat, Schriftverkehr etc.)
28 Der Herr: der eigene Vater, da krank oder nervig
29 Die Dame: die eigene Mutter, da krank oder nervig
30 Die Lilie: mangelnde Erfahrung im sexuellen Bereich
31 Die Sonne: zu viel Licht, zu viel Sonne
32 Der Mond: die eigene Übersensibilität
33 Der Schlüssel: Angst, Dinge zu verlieren, aber auch Angst vor Diebstahl
34 Die Fische: die eigene finanzielle Situation
35 Der Anker: der Kollegenkreis
36 Das Kreuz: es im Leben noch nicht geschafft zu haben

Position 13: Vorsätze

1 Der Reiter: Fitness, Sport
2 Der Klee: Diät
3 Das Schiff: eine ganz spezielle Reise unternehmen
4 Das Haus: sich mehr um Haus, Hof und Familie kümmern
5 Der Baum: sich coachen lassen
6 Die Wolken: mit dem Rauchen aufhören
7 Die Schlange: weniger pessimistisch sein
8 Der Sarg: eine Therapie zu machen
9 Die Blumen: gesunde Ernährung
10 Die Sense: endlich zum (Zahn-)Arzt gehen
11 Die Rute: eine Fremdsprache erlernen
12 Die Eulen: ein überfälliges Telefonat führen
13 Das Kind: sich mehr um die Kinder kümmern oder ein Kind bekommen
14 Der Fuchs: ein bestimmtes Hobby beginnen
15 Der Bär: sich mit Vater oder Mutter aussöhnen
16 Die Sterne: ein Musikinstrument spielen
17 Die Störche: eine Renovierung endlich in Angriff nehmen
18 Der Hund: einen Freundeskreis aufbauen
19 Der Turm: sich selbstständig machen
20 Der Park: sich optisch verändern (Kleidung, Frisur, Figur)
21 Der Berg: an sich arbeiten und sich weiterentwickeln
22 Die Wege: eine berufliche Entscheidung treffen, auch wenn diese riskant erscheint
23 Die Mäuse: bescheidener werden
24 Das Herz: liebevoller mit dem Partner umgehen
25 Der Ring: eine Partnerberatung aufsuchen
26 Das Buch: eine Weiterbildung in Angriff nehmen
27 Der Brief: sich endlich mit Computer und Internet auseinander setzen
28 Der Herr: mehr auf den Partner eingehen

29 Die Dame: mehr auf den Partner eingehen
30 Die Lilie: sexuell flexibler werden
31 Die Sonne: mehr Aktivitäten im Freien unternehmen
32 Der Mond: die Nacht zum Tag machen, weniger spießig leben
33 Der Schlüssel: Verantwortung übernehmen
34 Die Fische: Geld für die Zukunft anlegen
35 Der Anker: eine Heimarbeit beginnen
36 Das Kreuz: positiv denken, optimistisch sein

Position 14: Cleverness
(hier geht's um gewitzt eingesetzte Fähigkeiten bis hin zur Bauernschläue)

1 Der Reiter: hat den Bogen raus, wie man zu sportlichen Höchstleistungen gelangt
2 Der Klee: weiß andere Menschen gut zu unterhalten
3 Das Schiff: eine Erbschaftsangelegenheit wird positiv abgewickelt
4 Das Haus: Kauf einer Immobilie schafft Vorteile
5 Der Baum: durchschaut sein Gegenüber
6 Die Wolken: kann eine Sucht sehr gut verbergen
7 Die Schlange: sammelt Informationen und nutzt diese ausschließlich für sich
8 Der Sarg: benutzt eine Krankheit zu seinem Vorteil
9 Die Blumen: setzt gekonnt Charme ein, um etwas zu erreichen
10 Die Sense: zieht sich ohne Vorankündigung aus der Affäre, weitere Diskussionen werden abgeschmettert
11 Die Rute: redet, ohne etwas zu sagen; hält so andere in Schach
12 Die Eulen: verbreitet Hektik, um von sich abzulenken
13 Das Kind: macht auf unschuldig und naiv, ist es aber nicht
14 Der Fuchs: sehr trickreich im Job, mobbt unauffällig
15 Der Bär: verdient Geld durch Immobilienbesitz

16 Die Sterne: benutzt esoterisches Wissen, um hinter die Kulissen zu schauen
17 Die Störche: legt sich nie fest, lässt sich nicht festnageln, um flexibel zu bleiben
18 Der Hund: großer Freundeskreis; diese Person findet immer Gleichgesinnte für ihre Zwecke
19 Der Turm: kennt sich sehr gut mit rechtlichen Dingen aus
20 Der Park: macht sich überall beliebt
21 Der Berg: erscheint träge, ist aber geistig sehr flexibel
22 Die Wege: legt Finten, um das wahre Ich nicht zeigen zu müssen
23 Die Mäuse: hat Geld, gibt sich aber bedürftig
24 Das Herz: ist berechnend
25 Der Ring: bindet Menschen emotional an sich, obwohl oft kein wirkliches Interesse an diesen Personen besteht
26 Das Buch: glänzt stets mit (Halb-)Wissen und führt andere damit gern mal in die Irre
27 Der Brief: kann sehr gut schreiben, geht aber nicht damit hausieren
28 Der Herr: ist ein guter Spieler, gewinnt oft
29 Die Dame: glänzt als Heimwerker/Hausfrau, aber nur vor Publikum
30 Die Lilie: mit dieser Person ist es im Bett ein Genuss; sie setzt das bewusst ein, um Abhängigkeiten zu schaffen
31 Die Sonne: ist scheinbar unkompliziert und fröhlich, um zu signalisieren, dass er/sie keine Probleme hat, sondern immer nur die Anderen
32 Der Mond: Anteilnahme wird geheuchelt, um sich selbst in den Mittelpunkt zu stellen
33 Der Schlüssel: kennt sich mit Steuern und Versicherungen aus, hält damit aber hinterm Berg
34 Die Fische: hat kein Geld, kann es aber gut kaschieren
35 Der Anker: macht sich unabkömmlich

36 Das Kreuz: gibt Kreativität, Weltgewandtheit und Kultiviertheit vor, um andere zu beeindrucken, hat aber nicht wirklich etwas vorzuweisen

Position 15: Wirkung nach außen

1 Der Reiter: verschmitzt
2 Der Klee: fröhlich
3 Das Schiff: weltgewandt
4 Das Haus: einfach
5 Der Baum: langweilig
6 Die Wolken: undurchsichtig
7 Die Schlange: kompliziert
8 Der Sarg: flippig
9 Die Blumen: galant
10 Die Sense: unberechenbar
11 Die Rute: redegewandt
12 Die Eulen: nervös
13 Das Kind: Herr: lausbubenhaft, Dame: mädchenhaft
14 Der Fuchs: unaufrichtig
15 Der Bär: verwegen
16 Die Sterne: verträumt
17 Die Störche: sprunghaft
18 Der Hund: nett
19 Der Turm: seriös
20 Der Park: umgänglich
21 Der Berg: weltfremd
22 Die Wege: unstet
23 Die Mäuse: ängstlich
24 Das Herz: herzlich
25 Der Ring: routiniert
26 Das Buch: verschlossen

27 Der Brief: adrett, gepflegt, unnahbar
28 Der Herr: männlich; maskulin, burschikos
29 Die Dame: weiblich, feminin
30 Die Lilie: sexy
31 Die Sonne: mutig
32 Der Mond: gefühlvoll
33 Der Schlüssel: solide
34 Die Fische: berechnend
35 Der Anker: bieder
36 Das Kreuz: gebrochen

Position 16: Lebensaufgabe

1 Der Reiter: soll sich mit dem Thema »Sport« befassen
2 Der Klee: reisen und neugierig bleiben
3 Das Schiff: globale Zusammenhänge erforschen
4 Das Haus: Eigentum erwerben, Haus bauen, sesshaft werden
5 Der Baum: arbeiten, aber auch analysieren
6 Die Wolken: Süchte vermeiden bzw. bekämpfen
7 Die Schlange: soll lernen, Macht nicht zu missbrauchen, sondern fair zu bleiben
8 Der Sarg: immer in Bewegung bleiben; den Staat und seine Einrichtungen infrage stellen
9 Die Blumen: Events o. Ä. organisieren, an denen Menschen Freude haben
10 Die Sense: sich nicht fürs Leben binden (Beruf, Liebe, Freunde, Heimat etc.)
11 Die Rute: sich durchsetzen und für sich selbst eintreten
12 Die Eulen: authentisch werden, keine Rollen spielen
13 Das Kind: sich um andere kümmern, Fürsorge
14 Der Fuchs: egoistisch denken und handeln und sich der Wissenschaft widmen

15 Der Bär: sich in Diplomatie üben
16 Die Sterne: alle Arten von Geisteswissenschaften
17 Die Störche: stets die Kontroverse suchen und meist eine andere Meinung als die Masse haben, ein wertvoller Beitrag
18 Der Hund: sollte kritischer und skeptischer werden
19 Der Turm: sich selbstständig machen
20 Der Park: Menschen miteinander verbinden
21 Der Berg: sich sozial verhalten, sich um Bedürftige kümmern
22 Die Wege: andere Menschen unterhalten
23 Die Mäuse: arbeiten und fleißig sein
24 Das Herz: die Welt erleben und sich amüsieren
25 Der Ring: der Versuchung der Manipulation widerstehen
26 Das Buch: Weiterbildung auf vielen Gebieten
27 Der Brief: nichts persönlich nehmen, ein dickeres Fell zulegen
28 Der Herr: ein Unternehmen führen
29 Die Dame: heiraten und Kinder bekommen
30 Die Lilie: genießen, entspannen und auch mal fünf gerade sein lassen
31 Die Sonne: großzügig und authentisch sein
32 Der Mond: Menschen bewirten und versorgen
33 Der Schlüssel: Menschen fördern und zu Höchstleistungen motivieren
34 Die Fische: Wissen über finanzielle Dinge aneignen
35 Der Anker: neben der Forschung sollte man sich in Toleranz üben
36 Das Kreuz: Wissen weitergeben

Position 17: Erotik und Leidenschaft

1 Der Reiter: ist liebevoll, mag Stellungswechsel
2 Der Klee: ist auf dem Stand eines Teenagers
3 Das Schiff: großer Frauenversteher/große Männerversteherin

4 Das Haus: alles ist möglich: von Missionarsstellung über Blümchensex bis hin zu Verbal-Erotik und Quickies an allen möglichen Orten

5 Der Baum: Einfühlsamkeit und Charme bestimmen die Sexualität dieser Person

6 Die Wolken: Herr: Egoist; Dame: will es hinter sich bringen

7 Die Schlange: Machtspiele stehen hier im Vordergrund

8 Der Sarg: hochsensibel; hier ist Vorsicht geboten! Nimmt Kritik persönlich

9 Die Blumen: ein Verführer/eine Verführerin; haben Sie sich diese Person geangelt, so werden Sie verwöhnt

10 Die Sense: Lust auf Sex an ungewöhnlichen Orten, aber Standard ist auch okay

11 Die Rute: man hat Erfahrungen aller Art gesammelt; der Partner hat es gut mit diesem Menschen

12 Die Eulen: ein Genießer und Nimmersatt

13 Das Kind: erste Versuche auf dieser Ebene dürften wohl etwas holprig gewesen sein, doch Neugierde treibt diesen Menschen dazu, neue Erfahrungen zu sammeln

14 Der Fuchs: Herr: neigt zur Impotenz; Dame: neigt zur Frigidität

15 Der Bär: Herr: fordernd; Dame: anhänglich

16 Die Sterne: bevorzugt nur eine Stellung und braucht lange bis zum Höhepunkt

17 Die Störche: mag kuscheln und schmusen, küsst gern, sucht körperliche Nähe; vermittelt nach dem Akt ein gutes Gefühl

18 Der Hund: supersensibel, einfühlsam und lieb, aber keine Klette

19 Der Turm: ist der Typ Mann/Frau, den/die man aus Liebesromanen kennt: romantisch, verwegen, kühn, einfühlsam und frech

20 Der Park: eher das »Normalprogramm«, ein wenig zu »technisch«, wenig Streicheleinheiten; Küsschen gibt es hier und da, auch in der Öffentlichkeit

21 Der Berg: eher der unromantische Typ

22 Die Wege: er/sie gibt alles, um zu gefallen, weil er Sie nicht verlieren möchte (bringt Defizite aus früheren Partnerschaften mit)

23 Die Mäuse: leichte Neigung zum Fetischismus: Objekt des Verlangens können bestimmte Körperteile (Brüste, Hände, Füße usw.) des Partners sein

24 Das Herz: weckt Ihren Beschützerinstinkt

25 Der Ring: diese Person ist einfühlsam, zärtlich und so richtig lieb und aufmerksam

26 Das Buch: hat wirklich keine Ahnung; die Missionarsstellung dürfte ihm/ihr am vertrautesten sein

27 Der Brief: aufgepasst: die Seele ist nicht dabei beim Sex!

28 Der Herr: ziemlich eingefahren; was man einmal kennen und lieben gelernt hat, wird auch auf lange Sicht beibehalten

29 Die Dame: kuschelt und küsst gern; möchte sonntags lange im Bett bleiben – zusammen mit Ihnen.

30 Die Lilie: er/sie fordert Ihnen alles ab

31 Die Sonne: dieser Mensch liest Ihnen alle Wünsche von den Augen ab

32 Der Mond: das Baby unter den Lovern – die Löffelchenstellung wird bevorzugt

33 Der Schlüssel: dominant

34 Die Fische: das Interesse an Sex ist grundsätzlich da, doch in puncto Zärtlichkeit und körperliche Nähe eher Fehlanzeige – man hat das einfach nicht gelernt

35 Der Anker: solide, aber liebe- und respektvoll

36 Das Kreuz: hier fehlt das Einfühlungsvermögen

Position 18: Freunde/Bekannte

1 Der Reiter: hat einen großen Bekanntenkreis, aber keine richtigen Freunde
2 Der Klee: hat einen sehr guten Freund, nur wenige Bekannte
3 Das Schiff: hat Freund- und Bekanntschaften auf der ganzen Welt – pflegt diese sporadisch
4 Das Haus: an erster Stelle kommt die Familie, dann Kollegen, kaum Bekannte; hat einen guten Freund
5 Der Baum: hat viele langjährige Freunde und Bekannte
6 Die Wolken: hat keine Freunde, wenige Bekannte
7 Die Schlange: hat wenige Freunde, viele Bekannte aus dem Jobumfeld
8 Der Sarg: ist eher Einzelgänger, wenige Bekannte
9 Die Blumen: Hansdampf in allen Gassen; hat einige Freunde, großen Bekanntenkreis, der sich durch alle Gesellschaftsschichten zieht; ist sehr beliebt und überall gern gesehen
10 Die Sense: hält nichts von Freundschaften, wurde schon oft verraten; mittelgroßer Bekanntenkreis
11 Die Rute: ein bis zwei gute Freunde, die schon lange Begleiter sind – das war's
12 Die Eulen: zwei gute Freunde, wenige Bekannte, kein Interesse, den Bekanntenkreis auszubauen
13 Das Kind: hat viele flüchtige Bekanntschaften, vielleicht einen Freund
14 Der Fuchs: hat einen guten Freund aus Jugendtagen, sporadische Treffen mit diesem, ansonsten viele Bekannte
15 Der Bär: Familien- und Geschäftskontakte werden gepflegt
16 Die Sterne: hat einen sehr guten Freund; Mann: hat viele Freundinnen; Frau: hat viele Freunde; man kommt mit dem anderen Geschlecht besser aus
17 Die Störche: viele Bekannte über die ganze Welt verteilt, kaum Freunde

18 Der Hund: zwei bis drei gute Freunde, mittelgroßer Bekanntenkreis, Familie ist wichtig

19 Der Turm: hat einen sehr guten Kollegen, wenige Bekannte, einige Geschäftskontakte werden gepflegt

20 Der Park: keine richtigen engen Freunde, dafür großer und bunter Bekanntenkreis

21 Der Berg: ist eher ein Einzelgänger

22 Die Wege: es gibt zwei treue Wegbegleiter und einige Bekannte

23 Die Mäuse: keine Freunde, dafür sehr viele oberflächliche Bekanntschaften

24 Das Herz: mehrere gute Freunde, großer und interessanter Bekannten- und Kollegenkreis

25 Der Ring: hat viele Freunde durch Hobby und Sport im Verein oder Club – kein »bester« Freund

26 Das Buch: hat einen sehr guten Freund, alle anderen Bekanntschaften sind eher oberflächlich

27 Der Brief: viele Bekannte und nette Kollegen, aber keine engen Freundschaften

28 Der Herr: hat einen sehr guten Freund, normaler Bekanntenkreis

29 Die Dame: hat einen sehr guten Freund, normaler Bekanntenkreis

30 Die Lilie: hat keinen Freund, viele Bekannte, generell interessantes, aber oberflächliches Umfeld

31 Die Sonne: hat mehr Freunde, als ihm/ihr bewusst ist; großer Bekanntenkreis, der sich durch alle Gesellschaftsschichten zieht

32 Der Mond: hat einen Freund, wenige Bekannte, Familie geht vor

33 Der Schlüssel: hat keinen Freund, wenige Bekannte, Kontakte mit Kollegen werden gepflegt

34 Die Fische: hat keinen Freund, einige Bekannte, viele berufliche Kontakte

35 Der Anker: hat viele Bekannte aus dem beruflichen Bereich, Familie ist wichtig

36 Das Kreuz: Einzelgänger, wenige Bekannte, legt auch keinen Wert darauf

Die Autorin

Die 1965 in Nordfriesland geborene Wahl-Hamburgerin Iris Treppner befasst sich seit ihrem 17. Lebensjahr mit Kartenlegen, Astrologie und alternativen Heilmethoden. Sie hat Architektur studiert und arbeitet heute als freie Autorin und Zukunftsdeuterin. Mehr über Iris Treppner, ihre Beratungen und Seminare erfahren Sie unter www.madame-lenormand.de oder www.iristreppner.de